ammann

Stephan Wackwitz

Tokyo

Beim Näherkommen durch
die Straßen

Essays

Ammann Verlag

Satz: Dörlemann-Satz, Lemförde
Druck: Offizin Andersen Nexö Leipzig GmbH
ISBN 3-250-10246-6

La sphère de la notion est pareille au fond de la mer. Elle s'enrichit, elle s'exhausse des stratifications dues au mouvement même de la pensée, et dans ses bancs elle englobe des trésors, des navires, des squelettes, tous les désirs égarés, les volontés étrangères. Le bizarre chemin suivi par ce médaillon que donna dans la nuit une main blanche, d'une boutique éclatante dans un paysage de brume et de musique jusqu'à ce sediment blond où il voisine avec une méduse et les agrès vaincus de quelque anonyme Armada. La notion est aussi le nauffrage de la loi, elle est ce qui la déconcerte. Elle m'échappe où je l'atteins. J'ai peine à m'élever au particulier. Je m'avance dans le particulier. Je m'y perds. Le signe de cette perte est toute la véritable connaissance, tout ce qui m'est échu de la véritable connaissance.

Louis Aragon, »Le Paysan de Paris«

Erinnerungen an die Zeit der Weltherrschaft

Nachts gehe ich mit meiner Frau in Tokyo spazieren. Ich versuche mir zu merken, was ich gesehen habe.

Gestern waren es die Böschungsmauern der schmalen Alleen, die durch den Aoyama-Zentralfriedhof von Tokyo führen. Gräber waren mit gußeisernen Zäunen eingegrenzt. Durch die Bäume war in der Ferne ein Horizont aus Leuchtreklamen sichtbar. Von einer Brücke aus ging der Blick in ein Tal. Die Dunkelheit war angefüllt mit sich ruckartig bewegenden Bremslichtern zwischen Holzhütten.

Ein Geschäftshaus aus Beton und Edelstahl ein paar Straßen weiter war tonnenrund. Im gekrümmten Schaufenster schienen Deckenlampen auf das honigfarbene Fußbodenholz. In ihrem weich abgegrenzten Schein lagen Kostüme und Pullover bereit, als seien sie schon lange in Gebrauch und würden von Butlern gepflegt. Als wohne hier ihr Besitzer.

Wir kamen auf eine Hauptstraße. Der Beton schien sich zu bewegen unter den Leuchtbildern, die über ihn hin zuckten und krabbelten. Ein vertikales Labyrinth stand zu beiden Seiten der Straße. Fahles rosagelbes Licht herrschte. Warmer Wind riß an den Kostümen der Frauen. An einem fünfzig Meter hohen marmorweißen Hausblock wirkten Balkons wie in eine Ecke hineingeschnitten. Sie führten aufs Verkehrsgetobe hinaus. Auf dem Dach war aus weißen und eisblauen Neonröhren eine stilisierte Stadt über der Stadt aufgestellt, deren zehn Meter hohes System sich, einmal in der weißen, dann in der blauen Version, jeweils einige Momente lang aufbaute und wieder erlosch. In einer Holzhütte daneben gab es einen altmodischen Frisiersalon. Die Stadt war ein in seinen Varianten untergegangener Text.

★

Die Schönheit europäischer Städte seit der Renaissance offenbart sich von privilegierten Zentralpunkten aus. In manchen gemalten Stadtlandschaften jener Zeit liegt eine Leere über den Straßen, Durchblicken, Palästen und Alleen, als seien sie vor der Erschaffung des Menschen gesehen. Der Beschauer wird im Linienkorridor der Zentralperspektive zum Alleinherrscher. Hinter seinem Kopf ist das Auge Gottes erschienen. Die Welt besteht aus leeren, baumbestandenen Straßen, deren Parallelen weit von hier, vielleicht in der Zukunft, in einen Punkt zusammenlaufen werden.

Von diesem Punkt, als liege er wirklich im Unendlichen, geht eine utopische Strahlung aus. Um dieser Strahlung willen spielen die weit ins Land hineinlaufenden Straßen-, Baumreihen- und Gebäudeachsen in der europäischen Stadtplanung eine so große Rolle, die Rolle des Absoluten. Diese Achsen, von denen jeder Machthaber eine angelegt haben will (Hitlers Berliner Nord-Süd-Achse, die Ischtarstraße in Babylon), symbolisieren, daß die Welt durchschaubar ist und daß sie beherrscht werden kann. Auf ihnen zieht die Macht in die Welt, aber auch der Sinn vom Himmel ins Irdische ein. In Tokyo, das war unser Eindruck von Anfang an, haben Macht und Sinn einen anderen Weg gefunden.

★

Als wir erst ein paar Tage hier waren, konnten wir nachts nicht schlafen, bekamen Hunger, zogen uns an und verließen das Haus. Der warme Nachtwind blies. In den Bäumen eines kleinen Parks stand das Grillengeschrei als Schallmauer. Getränkeautomaten leuchteten vor Holzhäusern in schmalen Seitenstraßen, die so dunkel waren, als lägen sie in einem Dorf. Wir tranken im Gehen schwachrosa gefärbte Pfirsichlimonade aus einer Dose. Arbeiter mit weißen Handschuhen und rotleuchtenden Signalstäben sperrten eine Lichtinsel am Straßenrand ab, wo im Schein starker Lampen gebaggert wurde. Die Stadt war ein Song von Prince, in dem die wie jeweils gesondert poliert wirkenden Details wunderschön waren, während Stimme, Melodie, Ausdruck nur parodistisch auftraten.

In einer kleinen Garküche am sechsspurigen Aoyama Dori-Boulevard (er wurde hier von zwei leeren Fußgängerbrücken auf Stahlstelzen gekreuzt) aßen wir eine Schale Nudelsuppe. Es war halb drei Uhr nachts. Auf unserem Rückweg stießen wir auf den Eingang zu einer Allee. Sie ging schnurgerade und übergangslos von der Stadtautobahn ab. Die Kronen von Ginkgobäumen bildeten einen Laubengang, in dem der Nachtwind rauschte. In den zentrumslosen Straßen kam es mir, übermüdet und von dem eben bestandenen Eß-Abenteuer aufgekratzt, vor, als habe sich die gepflegte Baumparallele (Natur und Planung waren als Zivilisation ineinander aufgegangen) inmitten eines dichten Waldes eröffnet, wo sie unvermittelt begann und im Nichts endete. Das Grillengekreisch war ein kompakter Dauerton.

Am nächsten Tag (es war ein Samstag) kehrten wir dorthin zurück. Uniformierte Schulmädchen saßen im Schatten und aßen ihre Vesperbrote. Hinter Hecken wurde in der Mittagssonne Tennis gespielt. Im Fluchtpunkt der Allee war jetzt ein Kuppelgebäude erschienen, das hinter Fontäne, Wasserbecken und Fahnenstange einen der Stadt fremden Gedanken formulierte. Wir betraten die Formen einer Zentralitätsrhetorik, die andernorts in Tokyo nicht zu vernehmen ist. Ihr Hauptargument, jener Kuppelbau, sah beim Näherkommen aus wie eine Befestigung, in der sich Tote verteidigen. Der Portalturm mit den drei Rundbögen war so hoch, daß die Kuppel nicht mehr sichtbar war, als wir schließlich vor der Sandsteinfreitreppe standen und die Köpfe in den Nacken legten. Zwei fensterlose Flügel erstreckten sich zu seiten des Zentralbaus, geschmückt mit Ornamenten in monumentalisierendem Art deco, putzig und überdimensioniert zugleich, als seien es Riesinnenbroschen aus den zwanziger Jahren oder an der Mauer festgebakkene Versteinerungen zehn Meter großer Schaben.

★

Die »Meiji Memorial Picture Gallery«, in deren düsterem Kuppelgebäude wir nun verschwanden (in einem hölzernen Häuschen in der Vorhalle verbeugte sich die

Kartenverkäuferin, eine ältere Frau, im Sitzen vor uns) ist eine Art Kultstätte (»Museum« wäre nicht treffend) für Historiengemälde aus der Geschichte des ersten Meiji-Kaisers, unter dessen Herrschaft entschlossene Politiker mit einer strategisch geplanten Reformanstrengung innerhalb weniger Jahrzehnte in Japan die Moderne eingeführt haben.

Hirobumi Ito, Vorsitzender des Geheimen Staatsrates und einer der wichtigen Reformintellektuellen der Meiji-Zeit, sagte 1888 auf der Eröffnungssitzung der Beratungen über den Reichsverfassungsentwurf: »In Europa findet sich in diesem Jahrhundert kein Land mehr, das kein konstitutionelles Regierungssystem hätte. Aber dieses System hat sich im Laufe der geschichtlichen Entwicklung herausgebildet, und seine Wurzeln liegen in allen Fällen in der fernen Vergangenheit. In unserem Lande ist es dagegen eine völlig neue Erscheinung. Deshalb müssen wir vor der Abfassung der Verfassung zunächst nach der Achse unseres Landes fragen und festlegen, was diese Achse bilden soll. Wenn man ohne eine solche Achse die Politik dem willkürlichen Räsonnement des Volkes überläßt, verliert das Regieren seine Ordnung und der Staat geht in der Folge zugrunde. Das einzige, was in unserem Lande eine Achse bilden kann, ist das Kaiserhaus. Wir haben deshalb in diesem Verfassungsentwurf diesem Punkt ganz besondere Aufmerksamkeit gewidmet und uns bemüht, die monarchische Gewalt zu respektieren und möglichst wenig einzuschränken.«

Wir standen dann unter der Kuppel, die wir aus der Entfernung gesehen hatten. Die zwanzig Meter hohe und zehn Meter weite Säule aus Nichts war am Ansatz der Einwölbung mit großen blinden Rundornamenten gesäumt, von denen Marmordraperien herunterhingen. Sie ruhte auf einem spiegelglatt polierten Marmorfußboden, der mit Seilen abgesperrt war. Durch schwere Messingtüren sah man das Grün der Sportfelder. Die Fontäne rauschte. Jogger kreuzten das Blickfeld. Zu seiten der Fahne sprengten zwei Phantasietiere, Pferde mit Drachenköpfen, im Anfangssprung erstarrt, in die Symmetriegegenden hinaus. Kein Besucher außer uns war zu sehen. Der höchste Wert »Zentralität«, den die japanischen Verfassungsväter aus Europa importiert und in dieser Kuppel hatten darstellen lassen, war erkennbar nichts anderes als die Leere.

Nach rechts wies ein Holzschild mit der weißen Aufschrift: »Japanese style pictures«. Die Wände des gewölbten Raums, über dessen Parkett wir jetzt in die Geschichte des ersten Meiji-Kaisers hineinschritten, waren bedeckt von Monumentalgemälden im Stil traditioneller japanischer Goldgrundmalerei. Aufgrund der Fensterlosigkeit des Gebäudes war es, als sähe man durch die Bilder hinaus ins Land. Sehr weit in der Ferne, aber immer deutlich sichtbar, stand, saß, ritt oder schritt auf jedem der Tenno, umgeben von einem Streifen undurchdringlicher Leere. Der Kaiser war auf den Bildern so zentral und so allein wie der rote Punkt im weißen Feld der japanischen Staatsflagge. Sein dickes Gesicht mit den schweren Lippen sah wichtig und traurig aus. Auf jedem der Gemälde war etwas an sich äußerst Belangloses dargestellt (ein Spaziergang im kaiserlichen Park, eine Betriebsbesichtigung, das Verlesen eines Edikts, die Eröffnung einer Staatsratssitzung), das jedoch durch die

Anwesenheit des Herrschers und durch die Anwesenheit jener Geisterluft um ihn in unabsehbare Bedeutungsbereiche gerückt wurde.

Die Gestaltung der Leere schien die eigentliche Aufgabe der Gemälde. Auf einem der eindrücklichsten saß der uncharismatische, nur durch den leeren Raum distinguierte Mann schreibend inmitten eines komplizierten Gewirks blühender Kirschzweige, flankiert von sich verbeugenden Dienern. Ein Blumenstrauß in einer graugrünen Vase stand neben ihm. Möwenartige Vögel flogen im Vordergrund, und aufgespritztes Blattgold leuchtete durch die weißen Blüten. Der ausgesparte Raum um die Hauptfigur war schmal, aber so bestimmt hingesetzt, daß er zum Zentrum des Bildes geworden war. In dem hohen Bildersaal glitzerte das Parkett. Unsere Schritte hallten.

Wir durchquerten, wieder von einem Holzschild mit weißer Aufschrift geleitet, noch einmal das Zentralfoyer und besahen im gegenüberliegenden Flügel die Bilder im westlichen Stil, gemalt zu Beginn der zwanziger Jahre in vorsichtigen, sorgfältigen und geschickten Stilkopien des Naturalismus, des Impressionismus, der Neuen Sachlichkeit. In diesem Flügel war der Krieg in den Vordergrund getreten. Hirobumi Ito sprach sich auf einem der Gemälde für den Angriff auf das Zarenreich aus. Der Tenno nahm nach dem Sieg eine Flottenparade ab. Die japanische Kriegsfahne wehte im Wind. Aus der roten Sonne waren Strahlen gedrungen und über den Saum des Stoffs hinaus bis an den Horizont gefahren; die Einsamkeit war vorerst vorbei.

Hinter der leeren Halle, dem Eingang mit dem Kartenhäuschen gegenüber, lag ein zweites, kleineres Foyer, durch dessen Fenster zusätzliches Licht in den Zentralraum fiel. In diesem Annex standen, wie in einem altmodischen Naturkundemuseum, zwei schrankartige Schaukästen aus dunklem, poliertem Holz und unregelmäßigem, mit ovalen Bläschen durchzogenem Glas. Im rechten Kasten stand das Skelett eines Pferdes. Im linken war ihm, mit dem Kopf zum Schädel des Skeletts, das offensichtlich gleiche Pferd in ausgestopftem Zustand zugeordnet. Es war klein und muskulös, wirkte ein bißchen mongolisch-struppig und sah aus seinen Glasaugen aufmerksam, gutwillig und irgendwie diensteifrig drein, als lausche es auf ein Kommando, das bald von irgendwoher erfolgen müsse. Neben ihm, auf dem schön gemaserten, sorgfältig gebohnerten Holzboden, war ein Hygrometer aufgestellt. Wir lasen die erläuternde Tafel, den Sog der großen Halle im Rücken: Dieses Pferd sei für den Kaiser ausgesucht worden (wir erinnerten uns daran, daß das Aussuchen des Herrscherpferdes in taoistischen Lehrparabeln eine der Leistungen ist, an denen sich die Wesensschau des Erleuchteten besonders verblüffend bewährt), es habe einen neuen Namen erhalten, dem Kaiser sechzehn Jahre lang bei hundertdreißig Gelegenheiten gedient, »and was much favoured by His Majesty«. Dann sei es gestorben und schließlich in Erfüllung eines Wunsches des Herrschers, der es auch nach seinem Tod immer in seiner Nähe habe wissen wollen, hier aufgestellt worden, »so that his distinguished service be long remembered by the public«.

Betäubt von der Hitze, dem Sonnenlicht und der Poesie des Arrangements hinter uns standen wir dann wieder auf der Freitreppe und sahen auf die Sportplätze vor uns hinaus. Rechts stand die Beton- und Stangenmasse des Nationalen Baseballstadions. In den Rhododendronbäumen um das Fontänenbecken kreischten die Zikaden so laut und geisterhaft, als käme ihr Ton aus den Granitornamenten der Totenburgfassade.

★

Am Montag nach dem Besuch des Kaiserbildermuseums waren wir wieder in den windigen, heißen Nachtstraßen unterwegs. Den Tag über, im Dienst, hatten mich Phantasien über Reiterstandbilder heimgesucht, manchmal solche in der Manier der Stadtkarikaturen Saul Steinbergs (vor einem Ornamentberg von Bahnhofsgebäude, auf einem schiefen, horizontweiten Platz, stand ein Tuschepferd im Aufbäumen, auf seinem Rücken eine Art Garibaldi, der mit dem Degen in die Zukunft wies). Ein andermal stellte ich mir ein Reiterdenkmal vor, das bei zweitem Hinsehen aus einem wirklichen Pferd und einem lebendigen Herrscher bestehen würde, die plötzlich ihren Sockel verließen und die Allee stadtauswärts sprengten, die Komplexität der Welt unter dem Geschlechtsteil des Königs auf den Körper eines gezähmten starken Tiers reduziert, dem Fluchtpunkt der Achsenstraße zu, dem Nichts und den Barbaren entgegen.

Stille Nebenstraßen an diesem Abend: Ihre unvorhersehbaren Windungen folgten den Formen der verschwundenen Landschaft. Der Mond schien. Hinter Mauern standen die alten japanischen Häuser. Wir traten auf eine elegante Geschäftsstraße, in eine Gegend voller leuchtender Einzelheiten hinaus. Alle Schönheit ging von ihnen aus, nicht von einem zur Integration, zur Phänomenhierarchisierung, zur Fluchtpunktmarkierung berufenen Zentralzeichen. Eine ganze Wand in einem schwarz ausgeschlagenen Laden nahmen Lidschattentiegelchen in allen denkbaren Farben ein. Im Vordergrund standen Schminkpinsel in großen Gläsern. Auf der Schwelle begegneten sich Frauen mit gleichgültigem Gesichtsausdruck.

Einem Betonbau war eine Renaissancefassade aus unregelmäßigem Backsteinmauerwerk vorgeblendet, in dem romanische Bögen, Statuen, Fayenceteller, Inschriftenfragmente steckten. Ein Dutzend kleiner und großer Kirchturmuhren, von denen jede eine andere Zeit anzeigte, war über die Fassadenfläche verteilt. Ein alter Teddybär saß hinter Glas auf einer Flickendecke. Eine Frau in einem sehr kurzen schwarzen Kleid ging, ihren Freund anlachend, vorbei. Die Stadt war ein zusammenstürzendes Kartenhaus, auf dessen wirbelnden Blättern einzelne Werte und Zeichen, ohne Halt in einem Spiel, sekundenlang erkennbar waren. Die Straße war mit langsam vorrückenden Autos dicht angefüllt. Gott näherte sich nicht über die große Achse. Es herrschte eine Stimmung von Abdankung, Resignation, Verlassenheit, Vorahnung.

★

In einem großen Hinterhof in Omotesando (zwei Polizisten standen vor der ehemaligen Lieferanteneinfahrt) war eine verkleinerte Version des Münchner »Haus der Kunst« aus Gips und Plastik aufgebaut. Die Mauern des Fabrikhofs waren mit Plastikplanen überspannt, auf die

Botticellis »Primavera«, der Kopf des Wagenlenkers von Delphi, der Apollo von Belvedere, historische Sportlerphotographien, abstrakte Muster stark vergrößert und buntglänzend verstreut waren. Lampen strahlten auf die Bilder und hoben sie aus der Nacht heraus.

Auf Schrifttafeln war eine »Erklärung für die Öffentlichkeit« auf japanisch und englisch aufgestellt. Hier seien ursprünglich Dekorationen angebracht gewesen, die auf die Olympischen Spiele 1936 in Berlin Bezug genommen hätten. Es sei dies aber, wie der Geschäftsleitung nach öffentlichen Protesten schnell klargeworden sei, eine Geschmacklosigkeit gewesen und deshalb sofort beseitigt worden. Jedenfalls habe man nur im Sinn gehabt, den Sport sowie seine völkerverbindende Wirkung zur Geltung zu bringen und mit dem hier ausgeschenkten Bier (»Suntory Malt's«) zu assoziieren. Man entschuldige sich für das offenbar entstandene Mißverständnis und hoffe, das Publikum werde die neue, nun eindeutig nur noch sport- und nicht mehr faschismusverherrlichende Dekoration zu schätzen wissen und dem mit ihr beworbenen Bier (»Suntory Malt's«) weiterhin die Treue halten. Es sei wirklich nicht so gemeint gewesen. Undsoweiter. Zwei Mädchen im Dress von »Inter Mailand« und ein Junge im Anzug empfingen uns am hohen Flügelportal mit einladendem Gestenspiel.

Im sporthallengroßen, mit den Fahnen verschiedener Länder verhängten Innenraum liefen in allen Ecken auf Fernsehmonitoren und auf einer Leinwand über der Bar Sportaufzeichnungen zu Vivaldis »Vier Jahreszeiten«. Einmal wurde das Licht gedämpft, die Barockmusik spielte lauter und schwarzweiße Filmdokumente von der Eröffnungszeremonie der Olympischen Spiele 1964 in Tokyo erschienen. Das Mädchen, das uns bediente (ich hatte mir ein großes, sportliches »Suntory Malt's« bestellt) trug gleichfalls ein Fußballtrikot, betrachtete meine Frau aus den Augenwinkeln und flirtete mit ihrem Kollegen. Die Pauken und Trompeten der Händel-Suiten, das »Möge-der-bessere-gewinnen«-Leistungspathos in den Gesichtern der siegreich jubelnden oder ernst an den Start gehenden Sportler auf der Leinwand, das Völkerfreundschaftsgefuchtel mit der olympischen Fakkel auf den Bildschirmen, die Fahnen an der Decke mühten sich, im ideologiefreien Raum der Straßen und Interieurs von Tokyo schwere Zeichen zu errichten, die sich dem Sog des Nichts im Namen von »Suntory Malt's« entgegenstemmen sollten. Auf einem Mäuerchen am Ausgang, neben den beiden Polizisten und umringt von ein paar Jungs, saß ein sehr schönes Mädchen in den im Herbst 1990 hier üblichen Hot pants, bis über die Knie hochgezogenen schwarzen Wollstrümpfen und Doc-Martens-Schuhen. Sie hatte kurze schwarze Haare, hörte einem ihrer Kumpels zu und sah aufmerksam und eifrig in den Verkehr der Durchgangsstraße vor ihr hinaus.

Wir wanderten über die nächtlichen Straßen von Tokyo nach Hause. Auf dem Weg tauchte in einer meinem Bewußtsein vorgelagerten Gegend ein szenisches Vorstellungsfragment auf, als seien hier irgendwo herrenlose Zügel zu ergreifen, als könne man doch so nicht leben, aber es ist zu spät.

★

Zwei oder drei Wochen später kamen wir nachts dort wieder vorbei. Das Scheinwerferlicht, die Polizisten, Fußballdressträgerinnen, Glanzbildtransparente waren verschwunden. Im Innenhof sah es aus wie nach einem Luftangriff. Die Trümmer der »Suntory Malt's«-Ruhmeshalle, Gips, Plastik, Pappe und kantige Blechverstrebungen, die dem Ganzen Halt gegeben hatten, lagen und ragten auf einem haushohen Berg durcheinander; ein Bagger stand in der Dunkelheit daneben. Auf einer Seite waren die Stühle des vernichteten Etablissements mit einer Planierraupe ineinandergeschoben. Wir versuchten, einen herauszuziehen, aber er war völlig mit den anderen verkeilt.

Wir schauten uns auf dem leeren, plötzlich sehr großen Arreal um. Wo die imperatorische Gebäudekarikatur gestanden hatte, lagerte jetzt das Nichts als eine Art Tier. Über der Dächerlinie um den Platz stand die stilisierte Stadt über der Stadt aus weißen und blauen Neonröhren, die sich, einmal in der weißen, dann in der blauen Version eingeschaltet, jeweils einige Momente lang aufbaute und wieder erlosch.

Windiger Tag vor Ankunft der Barbaren

In diesen Tagen, in Tokyo ist es Herbst geworden, meine ich in manchen poetisch-apokalyptischen Momenten spüren zu können, wie wenig uns noch von der Ankunft der Barbaren trennt. Eine morgens sonnenbeschienene Mauer neben der Österreichischen Botschaft zum Beispiel, an der entlang ich eine gebogene Hügelstraße zur Arbeit hinunterlaufe, Gräser in den Ritzen zwischen den Steinen, der kalte Wind und der klare, horizontale Sonnenschein werden mir, wider besseres Wissen, zu Botschaften von außerhalb der Weltstadt – als ob es so etwas gäbe. Vom Autobus aus gesehen: die Gesichter der an der Ampel wartenden, plötzlich bei Grün aus ihren Träumereien erwachenden und nach einer Schrecksekunde über den breiten Zebrastreifen loslaufenden Sekretärinnen und Aktentaschenmänner. Die haushohen gabelförmigen Stahlbetonstützen, auf denen die Highways darüber hinweggeführt sind, erinnern mich an zyklopische Grenzbefestigungen, hinter denen das offene Indianerland beginnen würde.

Um bei Ankunft der Barbaren nicht ganz unvorbereitet zu sein, habe ich die Gewohnheit angenommen, jeden Morgen im Bus eine englisch-lateinische Ausgabe der »Ammiani Marcellini rerum gestarum libri qui supersunt« zu lesen, das Geschichtswerk eines oströmischen Generals aus dem vierten Jahrhundert nach Christus, der sich mit Hunnen, Alemannen, Goten, Thrakern jenseits der Grenzbefestigungen und mit perversen, sadistischen Nullen von Oberbefehlshabern auf der eigenen Seite herumzuschlagen hatte. Ich habe die Aktentasche zwischen meine Füße vor den Sitz gestellt. In den Händen halte ich einen Band der in rotgewachstes Leinen gebundenen Ausgabe von John C. Rolfe (University of Pennsylvania), verlegt 1939 bei Heinemann in London und bei der Harvard University Press in Cambridge, Mass. –, eine Ausgabe, die mir mein Vater zum Abschied geschenkt hat, bevor ich nach Tokyo ging. Die kleine Windmühle mit den Initialen W. und H. für William Heinemann auf dem blaßrot gerahmten Vorsatzblatt. Der Erwerbsvermerk meines Vaters, mit schwarzer Tinte, von 1954. Damals war ich zwei Jahre alt.

Beim Lesen blättere ich träumend, wenn der Bus in einem Stau oder an einer Ampel in Roppongi wartet, zurück auf das Foto einer in Barletta, Süditalien, gefundenen Kolossalstatue des Kaisers Valentinianus, eines fetten Mannes im Brustpanzer, der die Weltkugel in der Linken hält und die Rechte zu einer imperatorischen Geste erhoben hat. Seine Augen sind sehr groß und unter den halbkreisförmigen Brauen starr aufgerissen, als sähen sie auf etwas sich weit entfernt abspielendes Entsetzliches. Seine Haare sind zu einer Röllchenponyfrisur um die niedrige Stirn gebürstet, und zu seiten des kleinen Mundes hat der Kaiser tiefe, misanthropische Kerben (Valentinian ließ einen seiner hohen Staatsfunktionäre nach dem anderen wegen der geringsten Lappalien lebendig verbrennen).

Als Lesezeichen habe ich eine Postkarte mit einer

Photographie von Brassaï eingelegt: die Treppen von Montmartre, aufgenommen 1936. Im kohlenrauchgetrübten Winterlicht liegt der Schatten kahler Zweige auf einer Staffel. In ihrer Mitte stehen durch ein Geländer verbundene Gaslaternen. Die Treppe ist menschenleer und wirkt wie aufgenommen kurz vor dem Eintritt von etwas Entscheidendem. Ich folge mit den Augen der geraden Reihe der Laternen den Hügel hinunter, die sich an seinem Fuß im sonnigen Morgendunst verliert, bevor ich das Lesezeichen in eine unbenutzte Portion der Seiten vor oder hinter derjenigen stecke, die ich gerade lese. Überall ist der Text am Rand versehen mit zarten Markierungen aus dem Jahr 1954. Mein Vater hat Geschichte studiert und bei seiner Lektüre der ammianischen res gestae damals, alle drei Bände hindurch, auf diese Weise vermerkt, wann etwa in einer Rede eines Kaisers an sein Heer eine interessante Herrschaftsbegründung benutzt wird, die vielleicht Rückschlüsse auf ein sich damals schon ankündigendes mittelalterliches Staatsverständnis zulassen könnte, und andere Details markiert, die ihn in einer längst vergessenen wissenschaftlichen Untersuchung hätten weiterbringen können. Ich dagegen komme über andere Sätze nicht hinweg, die ich hier auf dem Bus in Tokyo nicht oft genug lesen kann. Von den Alemannen wird da zum Beispiel einmal berichtet, es sei ihnen, nachdem sie sich etwa um 360 n. Chr. einigermaßen erholt hatten von den Verheerungen und Dezimierungen, die ihnen Cäsar (immerhin mehr als vierhundert Jahre zuvor) beigebracht hatte, gelungen, die Grenze nach Gallien wieder zu überwinden. Hier heißt es im eigentümlich krausen Latein von Ammianus schauerlich, prophetisch und mit grimmigem Humor: »persultabant«, genau übersetzt also: sie »übersprangen« die Grenze, oder, mit einem starken etymologischen Nebensinn: sie »übertanzten« sie.

Die schwarzweiße Photographie der Montmartre-Treppen hinunter toben dann einen Augenblick lang buntbemalte, in Felle gekleidete, rothaarige hellhäutige Krieger, die Speere schüttelnd, die Zähne fletschend, in schrecklich komischen Verrenkungen und Sprüngen. Aber das ist nur eine kolonialistische Karikatur der Barbaren, die in Wirklichkeit wahrscheinlich ganz anders aussehen. Eigentlich, denke ich dann, sehen sie überhaupt nicht aus, jedenfalls nicht so, daß wir sie als die Barbaren erkennen könnten. Vielleicht sind wir, die Bewohner der königtumsgroßen Stadtebene, selbst die Barbaren; vielleicht diejenigen, die uns den Garaus machen werden. Die Barbaren sind eher ein Loch in der Wirklichkeit als etwas Bestimmtes. Sie zeigen sich eher in gewissen Lücken als in einer deutlich umrissenen Gestalt.

Die ledige Mittvierzigerin beispielsweise, die den Kanzlerkandidaten mit einem in einem Blumenstrauß versteckten Fleischmesser niederstach, sagt aus, sie habe das getan, weil sie auf unterirdische Menschenfabriken habe aufmerksam machen müssen, von deren Vorhandensein alle Politiker wüßten. Ein anderer jener immer zahlreicher und entschlossener werdenden Unglücklichen gibt, nachdem er einen der höchsten Staats- und Parteifunktionäre niedergeschossen hat, an, »der Staat« habe so lange nicht aufgehört, ihn zu verfolgen, zu demütigen und »sexuell zu erregen«, daß ihm nur noch dieser Weg der Notwehr verblieben sei. Derlei also ist auf poetische und apokalyptische Weise entsetzlich. Ich denke im Bus darüber nach. Um meinen Sitzplatz stehen die anderen Angestellten jetzt sehr dichtgedrängt und halten sich an den von der Decke hängenden Haltegriffen fest. »Revolutionäre« haben dem gestürzten Staatschef von Liberia vor laufenden Fernsehkameras nacheinander die meisten Körperteile abgeschnitten, bis er starb. Auf dem Höhepunkt seiner Qualen wurde die Bildübertragung abgeschaltet. Der Ton jedoch lief weiter. Hinter einem Horizont, der die Straßen, die Anzüge der Angestellten, die hochhackigen Schuhe ihrer Sekretärinnen, die Autos, den Bus, das Fernsehen umschließt, so scheint es mir in den beschriebenen Momenten (ich lasse das rote Buch sinken und sehe nachdenklich zum Fenster hinaus), nähert sich etwas.

⋆

Die Stadt zieht an mir vorbei. Am Rand eines kleinen Parks steht das »Sogetsu Kaikan«, eine blaugläsern verspiegelte Hausmaschine. An schönen Tagen fliegen Wolken durch ihre Fassade, verdoppelte Bäume bewegen sich im Wind. Oft sitze ich in der Mittagspause in einem terrassenartig bis fast unter die Decke hinaufgeführten Stufen- und Rampensystem im domhohen Foyer des Spiegelhauses: einer pueblo- oder freitreppenartigen Kulisse, die ein Gebirge ebenso vorstellen könnte wie einen Palast. Durch die Granit- und Marmorblöcke fließt in Vertiefungen ein Rinnsal. Wo es einen nicht polierten Stein befeuchtet, haben sich Moose angesiedelt. Das Großstadtlicht fällt durch die Glasdecke.

Vor ein paar Wochen, an einem Samstag, saß ich auf ein paar Treppenstufen sehr weit oben in diesem Interieur. Es waren keine Besucher oder Angestellte im Gebäude. Ich hatte eine Austellung in einem der oberen Stockwerke besuchen wollen, die sich als geschlossen erwiesen hatte, und so hatte ich mich dorthin verstiegen. Es war, als könne ich nicht mehr zurück in die Welt. Aus verborgenen Lautsprechern wurde die Steinkulisse in jene Flughafenmusik gehüllt, die nur als Hintergrundgeräusch gedacht ist, jetzt aber in der Einsamkeit Raum und Zeit ganz einnahm. Ich saß im Rauschen eines computererzeugten Basso continuo, über den synthetische Streicherklänge eine Telemann-ähnliche Melodie legten, deren Schleifen durch die Kadenzen hindurch kein Ende zu nehmen schien.

Weit unter mir, an einer Empfangstheke, die aus einem polierten Granitblock bestand, saß schlafend ein bis zur Unheimlichkeit oder Lächerlichkeit dem westdeutschen Politiker Otto Graf Lambsdorff ähnelnder japanischer Portier. Sein Kopf sank fortwährend tiefer auf seine Brust, bis der Körper auf seinem Stuhl das Gleichgewicht zu verlieren drohte, und der Portier sich dann, anscheinend ohne aufzuwachen, immer wieder ein wenig aufrichtete. An zwei Seiten des Gebäudes tritt die Glasfassade einige Meter vom Bürgersteig ins Innere zurück. Breite und hohe Spiegelnischen sind entstanden, in denen die Welt aus überraschenden Blickwinkeln erscheint. Rechts fuhren Autos unhörbar und ohne Unterbrechung durch das Gesichtsfeld, als stünden sie auf einem Fließband. Auf der Decke der Spiegelnische zogen sie in gleicher Geschwindigkeit und Reihenfolge auf dem Kopf vorbei. Links regten sich die Zweigmassen des kleinen Parks im Wind. Von der Decke hingen die Baumwipfel mit denselben Bewegungen kopfunter. Vor dem dunklen Laub sah ich in der Entfernung mich selbst auf den Stufen hocken, den Kopf auf die Hand gestützt, den Ellenbogen auf das Knie. Die leere Unendlichkeitsmusik spielte. Ich merkte, daß ich schon weit weg von hier war.

Abwechselnd mit der Vorstellung, gestern wieder zu viel geraucht zu haben und bald Lungenkrebs zu bekommen, beschäftigte mich die Idee zu einer unheimlichen Geschichte, deren Held an einem Frühnachmittag wie diesem in einem ähnlichen Spiegelhaus sich selbst so oft zwischen zwei Spiegelwänden erschiene, daß ihm seine Realität zweifelhaft werden und schließlich abhandenkommen würde und er, in den unendlichen Reflexionen immer kleiner und verschwommener werdend, für immer in ihnen verschwände. Niemand hätte ihn das Gebäude verlassen sehen, am wenigsten der mit dem Schlaf und der Schwerkraft kämpfende Portier an der Empfangstheke aus poliertem Granit. Nur manchmal, an bestimmten, zugleich sonnigen und windigen Herbsttagen, aus einem bestimmten Winkel von einer bestimmten Stelle des Gebäudes aus gesehen, würde sein Spiegelbild einem Besucher für einen Moment erscheinen, gedankenvoll auf den obersten Stufen des Interieurs sitzend, um sich nach dieser Erscheinung schnell wieder in die Unendlichkeit aufzulösen.

In diesem Stadium meiner Träumerei und Zerstreuung erreichte mich, wie von außen her, das Gefühl der Nähe der Barbaren. Es war einem schwachen Geruch vergleichbar, der mit sehr feinen Krallen bis in eine innere Gegend des Körpers hineingriff (wie wenn das Parfüm einer Frau, die einen bewegt, an der Hand unter viel stärkeren anderen Gerüchen wie begraben gelegen hat und unverhofft hervortritt, wenn man ein Glas zum Mund führt oder sich geistesabwesend über das Gesicht streicht). Viele, dachte ich, würden sterben. Die Flughafeninterieurs würden sich zu unterirdischen Bunkern zusammenziehen, in denen die Angestelltenwelt zum nackten Terror verdichtet wäre. Aber jenseits der stärker als jemals befestigten Grenzen der Normalität würde sich dann eine Außenwelt erstrecken. Viele würden sterben. Vor den spiegelnden Glaswänden lag ein windiger Tag.

★

Seit diesem Erlebnis sitze ich in meiner Mittagspause gern für die Dauer einer Tasse Kaffee in einem kleinen Restaurant in jenem Teil des »Sogetsu Kaikan«, zwischen dem an der Decke auf dem Kopf stehenden Park und dem Felsinterieur im Innern. Die ganze Welt liegt hinter Glas. Vielleicht sind die Katastrophenängste des Westens eine Sehnsucht nach Wirklichkeit. Vielleicht ist der Untergang der einzige Gott, der übriggeblieben ist; denn erst mit den Barbaren werden wir keine Geschäfte machen, wir werden ihnen nichts verkaufen können, nicht einmal sprechen werden wir mit ihnen können. Kein Trick wird funktionieren. Die Barbaren werden keine Angst vor uns haben, weil sie uns nicht verstehen. Sie werden keinen Abstand von uns halten, weil sie uns nicht bewundern. Es wird eine Grenze geben, die wir nicht überschreiten können und hinter der wenigstens nicht wir sind.

Wenn die Barbaren lang und dringend genug erwartet worden sind, denke ich in der Mittagspause, verwandelt sich alles in ein Vorzeichen ihrer Ankunft. Der Historikerprophet glaubt dann, nur noch aufschreiben zu müssen, was er sieht: »Man sah eine junge Kuh mit durchschnittener Luftröhre leblos daliegen, deren Tod öffentliche Begräbnisfeiern vorauskündete, die im ganzen Volk bald das Normale sein würden« (wieder im Bus, Buch XXXI, »Über die Omina des Todes von Valens Augustus und der bevorstehenden Eroberung durch die Goten«). Nichts empfiehlt den Inhalt solcher Sätze, mit denen das Geschichtswerk des Ammianus übersät ist, der Vernunft; aber der poetische Sinn kann sie nicht vergessen und in meinem Kopf leuchten sie weiter, wenn das Buch zugeklappt in meiner Ledertasche liegt, neben der Edelstahlbox für die belegten Brote (Valens Augustus ist dann schon tot, und die Goten strömen endlos, unaufhaltsam, über die Grenze). Auch wenn die Erzählungen über die Barbaren nicht wahr sind, könnten sie helfen, eine Wahrheit zu finden.

Ich saß neulich in einem eleganten Restaurant. Am Nebentisch war ein junges Paar mit seinen Speisen beschäftigt. Das Mädchen war von der etwas unspezifischen Hübschheit, mit der japanische Damenkostüme ein junges Mädchen ausstatten. Ihr Begleiter hatte sich nach dem ersten Bier unter seiner Ferienbräune dunkelrot verfärbt. In einer Glasschale mit Deckel vor ihnen lagen zwei lebendige Krebse in einer Soße und kämpften mit dem Tod. Immer wieder schnalzte einer der muskulösen gläsernopaken Körper, seinen Chitinpanzer deutlich hörbar anschlagend, gegen den Glasdeckel des Gefäßes. Soße und kleingeschnittene Kräuter rannen die Wände herab. Die vielen feinen Füße und Fühler arbeiteten unentwegt. Aus einer Gegend hinter meinem Haaransatz kommend, übertanzten die Barbaren die Grenzen meines Bewußtseins und ergossen sich, crescendoartig ihre Zahl potenzierend, über die Nase hinab zu Mund und Augen. Dann war es wieder vorbei. Vielleicht nahmen meine Konversationspartner ein kleines Zögern vor einer Formulierung, eine sekundenlange Abgelenktheit wahr. Eine ältere Frau in einer Schürze (»die Kaltmamsell!« dachte ich sofort krampfhaft mehrmals vor mich hin) kam, als die jungen Leute ihre Vorspeisen verzehrt hatten, aus der Küche, um die mittlerweile lebend marinierten Krebse zu schlachten, indem sie geschickt und schnell die Panzer aufbrach. Das Paar verschlang dann das graugläserne Fleisch der Hinterleiber, das sie mit ihren Stäbchen zuvor in kleine Schalen mit Soja- und Meerrettichsoße gestoßen hatten.

★

Meine morgendliche Fahrt mit dem Bus endet stets am Grund der Gaien Higashi-Avenue, die von Süden her auf den Park um den Kronprinzenpalast zuführt. In diesen Spätwintertagen scheint fast immer die Sonne, wenn ich gegen neun hier aussteige. Über den Sitzen leuchtet ein sehr violettes Lämpchen auf, der Stationsname wird durch eine outriert aufgeräumte Tonband-Mädchenstimme angesagt, ein Quäkton begleitet das automatische Öffnen und Schließen der Tür. An der Ecke einer schmalen Straße, in die ich jetzt einbiege, steht ein großer Getränkeautomat, aus dem ich mir oft vor der Arbeit eine heiße Dose mit Milchkaffee oder übertrieben aromatisch schmeckendem Darjeeling-Tee herauslasse. In den schwarzen Tasten unter den Aluminiumdosen hinter Glas geht, wenn das entsprechende Getränk vorrätig ist, nach Geldeinwurf ein rotes Licht an; gleich danach poltert die gewählte Dose, von einem Piepston begleitet, durch den Blechschacht.

An ein paar Straßenecken sieht Tokyo hier, in der herbstlichen Morgensonne, wie um 1930 aus. Flache Bungalows aus Muschelkalkstein und gelbem Verputz stehen dicht hinter hohen Mauern. In der schmalen Lücke sind Oleanderbüsche bis unter das Dach hinaufgewachsen. Ein Grundstück an einer sich plötzlich stark absenkenden kleinen Straße ist durch Mauern abgestützt, über deren Rand sich Zweige aus dem verwilderten Garten drängen und ihre gelben und roten Blätter verlieren. Eine niedrige Garage öffnet sich in der Böschungsmauer. Bald werden die Abrißmaschinen kommen.

Ein paar Meter weiter kündigen Polizeiposten in dunkelblauen Kampfanzügen und Schnürstiefeln die Botschaft der Republik Irak an, die am Ende der Gasse in einem Apartmenthaus residiert. Auf dem kleinen Parkplatz vor dem Eingang stehen Limousinen. Durch Gitterwerk scheinen Neonröhren, in deren Geisterlicht über der Rezeptionstheke ein in ein Palästinensertuch gehüllter Präsidentenkopf zu erkennen ist. In einem Glaskasten, der an solche vor einem Zeitungsgebäude erinnert, wo man im Stehen einen Artikel überfliegen kann, hängen andere Bilder des Führers, auf ungeschickt aufgeklebten, mit einer mechanischen Schreibmaschine beschrifteten Papierstreifen englisch erläutert, auch Luftbilder eines Volksaufmarschplatzes, an dessen beiden Enden 20 Meter hohe Portale aus säbelhaltenden Gigantenfäusten stehen, und, ganz außen an der der Straße zugewandten Seite, eine blaß bonbonfarbene, nur arabisch beschriftete Karte der Golfregion, auf der (wir befinden uns im Dezember 1990) das Emirat Kuwait nicht verzeichnet ist.

Nachdem ich vor dieser Vitrine schon mehrmals stehengeblieben bin und sie eingehend betrachtet habe, was wahrscheinlich sonst niemand tut, werde ich von den Sicherheits- und Geheimdienstleuten, die während der Öffnungszeiten der Botschaft vor und hinter dem Portal herumstehen, so aufmerksam und haßerfüllt betrachtet wie sonst nur die japanischen Sekretärinnen in ihren kurzen Kostümröcken und hochhackigen Pumps. Ein mittelgroßer Mann meines Alters mit kurzgeschnittenen Locken, der meist einen silbergrauen Seidenanzug trägt, scheint Chef des Sicherheitscorps zu sein. Sein Bizeps füllt die Ärmel seiner Jacke sichtbar aus. Zwei ihm irgendwie nachgeordnet wirkende Kollegen scheinen sich ihn zum Vorbild genommen zu haben, ohne seine Gangstereleganz auch nur entfernt zu erreichen. Ein faktotumhaft anmutender älterer Mann mit scharfgeschnittenen Zügen und einer strähnigen Stirnponyfrisur, den ich nie etwas anderes tragen gesehen habe als einen weinroten Rollkragenpullover und eine schwarze Strickjacke, geht ihm zur Hand. Neulich sah ich ihn wohl dem Botschafter selbst die Wagentür öffnen, einem hellgrau gekleideten, grämlich dreinschauenden Greis mit charaktervoller Nase, der eine Zeitung unter dem Arm trug und, ohne sich nach seinen Leibwächtern umzuschauen, schnell ins Haus ging.

Ich denke darüber nach, wie schnell mich diese Herren unter anderen Umständen in ein blutendes, wimmerndes Häufchen verwandeln könnten, das ihnen für ein paar Minuten Schonung die eigene Mutter ausliefern würde. Mit jedem Tritt und jedem Stromstoß würden sie mir jahrhundertealte, durch Generationen überlieferte Demütigungen heimzahlen, für die ich nichts kann, für die ich in diesem Moment aber die Verantwortung übernehmen müßte. Das geerbte rote Büchlein, das ich in meiner Aktentasche verwahre, würde mir nicht helfen. Nichts und niemand würde mir mehr etwas helfen.

★

Das Botschaftsgebäude ist als einziges Haus der Gegend mit Weinlaub bewachsen. Die Pflanzen geben dem Haus einen merkwürdig verwunschenen Charme. Als ich heute in die Straße einbog, leuchteten die Blätter an ihrem Ausgang dunkelrot in der Sonne. In der vergangenen Nacht, so fiel mir jetzt ein, hatte ich von der irakischen Botschaft geträumt. Es hatte eine tiefe Dämmerung um sie geherrscht, wie auf manieristischen Ruinenstücken des fünfzehnten Jahrhunderts. Wie oft auf solchen Gemälden sah man an dem Gebäude vorbei (durch es hindurch?) in helle Sommerlandschaften, die jedoch von hier aus nie zu erreichen sein würden oder die aus einem anderen Grund keine Bedeutung hatten. Der ganze Bau und, wie mir schien, auch sein Inneres, war dicht und ohne daß noch ein Durchkommen gewesen wäre, mit Weinlaub überwachsen. Kein Leben außer dem sich langsam und harmonisch vermehrenden der Schlingpflanzen war im Gebäude zu spüren, noch, wie mir jetzt, bei genauerer Betrachtung des Traumbilds, auffällt, in der Straße davor, in der Stadt um mich oder sonst irgendwo auf der Welt.

Jetzt bin ich nur noch wenige Schritte von meinem Büro entfernt und schon halb mit den Akten, Terminen, Computern und Menschen dort beschäftigt. Mein Traum hat dem beginnenden Arbeitstag eine Art unheimlicher Würde verliehen. Ich denke über die Gefühle der Kundschafter nach, die nach ihrer langen Beobachtungsmission an den Grenzen des Reichs mit der Nachricht zurückkehrten, daß es die Barbaren allem Anschein nach gar nicht gibt. Sie müssen eine große Verlassenheit gespürt haben, die sich unmittelbar darauf mit unheimlichen Geschichten und Bildern zu füllen begann.

Sechs Bäume (Geister)

Städte von der Größe Tokyos irritieren den Unendlichkeitssinn. An ihrem Horizont erscheinen immer nur Fortsetzungen der Stadt (weswegen die Sehnsucht nach einer »Umwelt« in ihnen so übermächtig wird). Neulich bin ich, bei klarem Winterwetter, an den höchsten Punkt meiner Gegend der Stadt, auf den »Tokyo-Tower« hinaufgefahren. Im Innern seines rotweißen Gestänges ging es beängstigend schnell aufwärts, eine hostessenhaft gekleidete junge Frau rief im Sprechgesang Informationen über technische Details des Turms aus und verbeugte sich tief vor uns Besuchern, als wir in die Aussichtslobby traten.

Die Höhe, der Blick über die Stadt hinaus ins Land, über die Welt in die Umwelt: damit beginnen die Stadtrundfahrten und die philosophischen Lehrgedichte. Hier sammelt sich die einsame Weisheit. Hier wird der Erlöser versucht. Der Rand der Welt ist von hier aus sichtbar, eine Gegend, in der die mittelalterliche Wissenschaft Gott lokalisierte und in der das moderne Unterbewußtsein immer noch etwas ihm Analoges zu spüren scheint. Die in Tokyo versammelte Masse an Welt ist jedoch so groß und ihre Schwerkraft so übermächtig, daß der Blick ihr nicht entkommen kann. Ich sah das Meer – aber hinter seinem mit Hafen- und Industrieanlagen eingefaßten jenseitigen Rand ging dieselbe Stadt bis zum Horizont weiter. Ich sah den Fuji in der Ferne – aber die silbergraue Unendlichkeit aus Metall, gegossenem Stein, elektrischen Drähten und fahrenden Autos schien sich bis unmittelbar an seinen Fuß zu erstrecken und verhüllte sich am Rand des Gesichtsfelds in allen Richtungen mit einem braungrauen Dunst, den sie selber erzeugt hatte. Das Panorama vom »Tokyo-Tower« herab war großartig, aber merkwürdig hoffnungslos. Die Ebene unter mir schimmerte wie die Haut eines leviathangroßen Fisches. Hubschrauber durchquerten den Luftraum und verwandelten sich in ringelschwänzige Drachen und Höllenengel auf einem kosmologischen Holzschnitt des Spätmittelalters.

★

Bis zum neunzehnten Jahrhundert war die Natur das Meer und die Siedlung die Insel. Dann setzte ein Prozeß ein, der dieses Verhältnis umzukehren begann. Ich kann mir diesen Prozeß intellektuell verständlich machen, aber ich kann die Gefühle nicht aufbringen, die ihm entsprechen würden. Der Wald, der das alte Europa bedeckt hat, steht in meinem Unterbewußtsein immer noch schwarz und schweigt. Ich denke ihn mir da, wo die Welt aufhört, und diese Stelle ist nur noch in mir.

Die im neunzehnten Jahrhundert entstehenden Unendlichkeitsstädte richten die am Horizont verschwundene Wildnis künstlich in ihrem Zentrum auf: der Central Park, der Tiergarten, der Hydepark. Über diesen Freiflächen liegt ein so starkes Tabu, daß es selbst die sonst allmächtige Bodenspekulation nicht zu verletzen wagt. Es geht zurück auf jenes ältere, das die Person des

Königs umgab, der früher im Innern der Zentralparks lebte und jagte; das Königstabu wiederum auf die Schrecken der Fruchtbarkeitsmagie, deren Hauptperson die Könige einmal gewesen sind. In Europa freilich ist das Königstabu längst rationalisiert. Die bürgerliche Gesellschaft ist gar nicht anders entstanden als in einem langen Prozeß der Argumentation gegen magische Momente des Königtums, Momente, die gleichzeitig, verwandelt in Legitimität, vom schließlich siegreichen Bürgertum anerkannt worden sind, so daß sich ein Gleichgewicht zwischen Atavismus und Rationalität ergab: die absolutistische Monarchie. Der japanische Kaiser ist aus dieser rationalisierten Tradition nicht zu begreifen. Seine Legitimität reicht direkt in die ursprüngliche magische Vorstellungswelt zurück. Der Tenno ist leiblicher Nachkomme eines Herrscherclans, der um 500 n. Chr. historisch greifbar zu werden beginnt (als könnte die Königin von England beanspruchen, eine Verwandte von Alfred dem Großen zu sein), und der japanischen Herrscherfamilie wird bis in die Gegenwart hinein allen theologischen Ernstes die Abkunft von der shintoistischen Sonnengöttin Amaterasu zugesprochen. Zur endgültigen Inthronisierung des derzeit regierenden Tenno fand, ein Jahr nach dem Tod seines Vaters, ein shintoistisches Fruchtbarkeitsritual tief im Innern des Parks um seinen Palast statt, das von Terroristen mit Raketenangriffen bedroht und von einem martialischen Aufgebot von Kampftruppen und Polizei geschützt wurde.

Die Details dieses Ritus sind seit den Ursprüngen der Monarchie geheim. Anthropologen vermuten, daß er einen symbolischen Beischlaf des Kaisers mit seiner göttlichen Ahnin Amaterasu enthält. Sicher weiß man jedoch, daß der Kaiser, indem er der Göttin den ersten Reis seines Regierungsjahrs opfert, während der Zeremonie von dieser Opferspeise selbst ißt – in der sakralen Logik der Naturreligionen schwerster Tabubruch, der nur bedeuten kann, daß der Kaiser an der Göttlichkeit teilhat. Bevor 1945 die Amerikaner eine Art konstitutionellen Monarchen aus ihm zu machen versuchten, durfte der Tenno von seinen Untertanen auf gelegentlichen Reisen durch das Land nicht angesehen werden. Bei der Bekanntgabe der Kapitulation im Radio haben die Japaner die Stimme ihres Staatsoberhaupts dann zum ersten Mal gehört.

★

Zu den vielen Merkwürdigkeiten Tokyos gehört es, daß in einem Stadtzentrum, das nur aus mehrstöckigen, mit Autos vollgestellten Highwaykreuzungen, aus von Menschenköpfen schwarzen Straßen, Leuchtreklamen, Bahnhöfen und Kaufhäusern zu bestehen scheint, zwei jeweils knapp hydeparkgroße Königsgärten in erhabener Unbetretbarkeit daliegen. Der Kaiser lebt in einem von Wällen und Gräben umgebenen Wald mitten in Tokyo. Im Innern der unendlich scheinenden Stadt liegt Wildnis in sehr bestimmten Grenzen, deren Verlauf man mit dem Fahrrad auf den umlaufenden Straßen oder mit dem Finger auf der Landkarte verfolgen kann. Da den Zentralwald jedoch niemand betreten darf, ist sein begrenzter Raum, über den man sich alles denken kann, grenzenlos geworden. »Eine der beiden mächtigsten Städte der Welt«, schrieb Roland Barthes, »ist also um einen undurchsichtigen Ring aus Mauern, Wassergräben, Dächern und Bäumen herum angelegt, dessen eigentliches Zentrum« – der Kaiser – »nicht mehr als eine flüchtige Idee ist; und diese Idee hat nicht die Aufgabe, Macht auszustrahlen, sondern lediglich den Zweck, einer ganzen städtischen Bewegung den Halt ihrer zentralen Leere zu geben und den Verkehr zu einem ständigen Umweg zu zwingen. Auf diese Weise, sagt man uns, entfaltet sich das Imaginäre zirkulär über Umwege und Rückwege um ein leeres Subjekt.«

An einem Wintersonntagmorgen fuhr ich mit dem Rad zum Kaiserpalast (»dem Heiligen entgegen«, dachte ich). Im Diskothekenviertel kamen mir morgengraue Grüppchen mehr oder weniger derangierter Leute entgegen. Ein grüngesichtiger Junge, den die zurückbleibende Clique gerade mit schläfrigem Hallo verabschiedete, schwankte und hatte Mühe, in sein Taxi hineinzufinden. Ich stellte mir vor, wie er während der nächsten Stunde auf der Fahrt in einen Vorort sich das Kotzen verbeißen würde. Ich fror bei Rot an breiten Zebrastreifen unter einer doppelstöckigen Autobahnüberführung, deren Betonpfeiler und Stahlverstrebungen von unten aussahen wie ein Weltkerker von Piranesi. Vor der Mauer des ersten Parks, den ich bald erreicht hatte und dessen Grenze entlang ich weiterfuhr (es war noch nicht der um den eigentlichen Tennopalast, sondern der des Kronprinzen), sang ein Soldat in der Kälte halblaut vor sich hin wie ein alleingelassenes Kind. Ich merkte mir zum Notieren vor, daß die schwenkbaren, graugrün gestrichenen Videokameras auf der Böschungsmauer ein doppeltes Objektiv haben (wahrscheinlich, um in der Kontrollzentrale dreidimensionale Bilder abzuliefern) und daß sie hinter einer Glasscheibe mit kleinen Scheibenwischern liegen. Nach der ersten Biegung schien die Sonne im Innern des Parks knapp über den Böschungswall hinweg durch die letzten Blätter an den Zweigen und zwischen den bereiften Kräutern am Boden hindurch. Im Park, den ich nicht sehen konnte, war die Sonne schon aufgegangen und begann vielleicht schon zu wärmen. Dort, dachte ich, spielen jetzt Märchen.

In den europäischen und amerikanischen Zentralwildnissen darf man bekanntlich spazierengehen, eine Errungenschaft der Revolution. Jedoch begegnen einem Geister aus der Zeit, als Natur und König noch unberührbar, unsichtbar und gefährlich waren, auch hier noch: »Je näher wir dem Park kamen, wo das Unbewußte der Stadt nistet« schreibt Aragon im »Paysan de Paris«, »desto bedrohlichere Formen nehmen die großen Faktoren des städtischen Lebens an, erheben sich über dem Ödland und seinen Lumpensammler- und Schrebergärtnerhütten mit der stereotypen Majestät und der erstarrten Geste von Statuen.« Man muß allerdings so illuminiert sein wie Aragon und seine Gefährten, um diese Geister sogar auf dem Weg in europäische Parks wahrzunehmen (die geschraubte, sozusagen schamanistisch-epileptische Sprache seines Buchs verrät viel von der Anstrengung, die es Aragon kostet, jene Erfahrungen in sich heraufzubeschwören). Erst die verschlossenen Herrscherparks von Tokyo mit dem noch ernst genommenem Fruchtbarkeitskönig in ihrem Innern schließen die vorbewußte Bilderwelt so wirksam an das Reich der Kinderphantasie und das Dahinterliegende einer magischen Natur an, wie die Surrealisten sich das auf ihren Spaziergängen durch die Buttes-Chaumont gewünscht haben.

An einem dunklen Vormittag, nachdem es die ganze Nacht hindurch geregnet hatte, sah ich, von einem hochgelegenen Fenster des »Hotel New Otani«, in den Kronprinzenpark hinein. Die Baumpolster senkten sich in seiner Mitte auf einen unsichtbaren See zu, dessen Existenz nur die Landkarte verrät. Im Vordergrund leuchtete der hellgraue Kalkstein und das grüne Kupferdach einer Kopie des Schlosses von Versailles, in dem die ausländischen Staatsgäste residieren. Der weite, noch ein bißchen nasse Sandplatz vor der komplizierten neubarocken Anlage, über die gerade eine kleine schwarze Gestalt ging, sah aus, als sei es dort auf ewig Samstagnachmittag. Die Wolken, von den Straßen aus gesehen oft nur ein Matsch am Himmel, erschienen jetzt über einer Landschaft. Am Horizont standen ein silbergraues und ein blauverspiegeltes Monumentalhaus wie zwei Tierleiber.

Die verschlossene Landschaft hatte an jenem Morgen ausgesehen, als stünde sie zum Unendlichen hin offen. Und auch jetzt, als ich im Schatten ihrer Begrenzungsmauer dahinfuhr und in die Morgensonne blinzelte, die im unsichtbaren Innern des Parks heraufkam, spukten dort Belehnungen, Projektionen, Tagträume wie nie zuvor in den Parks, durch die ich einfach hindurchgefahren war. Shinjuku Dori, ein Einkaufsboulevard, der vom Kronprinzenwald zu dem des Kaiserpalasts führt, war leer. Das Gold und die Edelsteine, die Schuhe, Ledertaschen und Kleider hinter den Schaufensterscheiben konnte ich mir an niemandem vorstellen. Hier war es kalt, hoffnungslos und langweilig. In der Ferne, am Ausgang der Straßenschneise, lag vor dem Hanzomon-Palasttor ein weites Wintersonnenfeld, in das ich aus der Häuserschlucht einfuhr.

Mitten in der Stadt war die Stadt zu Ende. Jenseits der Ringstraße um den Kaiserpalast stürzte das Gelände als Grasböschung gut fünfzig Meter tief zu einem Wassergraben hinab. Kormorane lüfteten ihre Flügel und sahen mit ausgebreiteten Schwingen wie heraldische Sinnbilder aus, schwarz, abstrakt und ein bißchen unheimlich. Andere tauchten im tieferen Wasser nach Fischen und hinterließen Wolken von Bläschen unter der Wasseroberfläche. Ein Reiher stakste am Ufer, äugte erwägend mit schiefgelegtem Kopf, erstarrte sekundenlang und stach zu, worauf er mit einem silbrigen Fisch im Schnabel davonflog.

★

Das Wort »Paradies« kommt aus dem Awestischen, einer toten Vorläufersprache des Persischen, in der die heiligen Schriften Zoroasters aufgezeichnet sind. Es bedeutet »Umzäunung« oder »Einfriedung«. Der steile Abhang jenseits des Wassergrabens, auf dem trockener Winterrasen wie ein Löwenfell aussah, lag in einem urtümlichen Zauber- und Märchenland, vor dessen Umwallung ich so klein neben meinem Fahrrad stand, als sei ich auf einem Kupferstich des achtzehnten Jahrhunderts nur eingefügt worden, um die übermenschlichen Dimensionen der Anlage zu verdeutlichen. Über den glatten, geschwungenen Mauern aus verschieden großen und unregelmäßig geformten Felsbrocken standen Kiefernwäldchen, aus denen hervor, erst einem zweiten Blick sichtbar, Polizisten in blauen Kampfanzügen mich durch die Scheiben ihrer Beobachtungshäuschen mit dem Fernstecher inspizierten.

Die Morgensonne lag auf dem Abhang. Eine kahle Laubbaumgruppe am Wasser hatte durch ihre vollkommene Unerreichbarkeit das traumhafte Aussehen eines Urwalds angenommen. Vor ihr im Uferwasser war ein Goldfischkarpfen dicht unter die Oberfläche heraufgeschwommen und schlängelte sich im Licht. Von der Fahrbahn hinter mir wehte mich der Geruch der Autos an. Auf dem Bürgerstein, wo ich mein Rad den Böschungsrundweg entlangzuschieben begann, überholten mich verbissen in den Morgen hineinjoggende Arbeitskollektive in Einheitssportkleidung sowie ältere Managerkollegen, die es etwas gemächlicher angehen ließen. Ich wünschte und träumte mich auf die Seite jenseits des Wassers hinüber, wo die verschlossene Landschaft poetisch und majestätisch dalag.

In der Zeit, als die Mauer in Berlin noch stand, hatte ich an ihr entlang oft Spaziergänge und Fahrradtouren unternommen, auf denen ich in Halbkilometerabständen die Aussichtstürme bestiegen und mich in die ganz nahe und doch unbetretbare Stadt hineinphantasiert hatte, wo ein Film oder Roman über die fünfziger Jahre zu spielen schien. Das Laub der Kastanien vor den Gründerzeitfassaden, das Kopfsteinpflaster, die mißtrauisch zu mir herüberstarrenden Menschen waren jedoch Staffage und Statisten in Fiktionsgattungen gewesen, die zur Gestaltung derselben modernen Unübersichtlichkeit bestimmt sind, wie sie diesseits des Schutzwalls herrschte.

Im Tennopark, der durch verblüffend antifaschuwa-ähnliche Vorrichtungen gegen Bürger und Terroristen abgeschirmt ist (ein Reiher stand hinter einem Elektrodraht, der niedrig und unauffällig der Linie des jenseitigen Ufers folgt), waren an diesem Morgen ältere und fremdere Genres entstanden. Die Zyklopenmauern hatten die rolandsliedhafte Ausstrahlung eines Historienfilms von Kurosawa. Aus der Natur jedoch, die sie überwuchert hatte und undeutlich hinter ihnen lag, wehten noch ältere Anmutungen in die Moderne herüber, die Traumlogik der Märchen, das Murmeln von Schamanenerzählungen.

★

Die Fiktionen scheinen entstanden zu sein aus mimetischen Ritualen, die dem frühen Menschen halfen, sich des Unerklärlichen zu bemächtigen. Auf vieles, was ihn beeindruckte, hat schon der primitive Mensch keine angemessene Instinktantwort mehr gefunden: merkwürdige Felsformationen, der Vollmond, sein eigenes Spiegelbild im Wasser, der Blitz, Zwillinge, Erdbeben. Diesen Erfahrungen gegenüber scheint eine unbestimmte Erregung in ihm entstanden zu sein, ein Bedürfnis, solchen unbestimmt etwas bedeutenden Erscheinungen eine Antwort zu geben, indem er sie nachahmte, rhythmisch beschwor, ihre Jenseitigkeit durch Erzählungen einzuholen unternahm. In aller Poesie ist etwas vom Instinktdruck des Urmenschen gegenwärtig, der sich von etwas Natürlichem, das ihm imponierte, ohne in ein bestimmtes Instinktverhalten zu passen, aufgerufen fühlte, aber nicht wußte, wozu.

Während des Prozesses, der die ursprünglich von Natur umgebene Zivilisation zum Meer machte und die Natur als Insel in sich einschloß, hörte die Eingemauerte nicht auf zu rufen. Zugleich verringerten sich die Möglichkeiten, ihr Antwort zu geben (die Sirene und die Selbstfesselung). In Tokyo zieht jeder nicht abgeholzte Baum Erinnerungen und Projektionen auf sich, Sehnsüchte, die über die ihn umgebende Stadtunendlichkeit hinauswollen und als beunruhigende Anmutungen von ihr selber auszugehen scheinen: Naturgeister. Die verbotene Landschaft, die an diesem Wintermorgen jenseits von Wall und Graben in der Morgensonne lag, machte den einsamen Betrachter am Rand der Ringstraße zum Dichterschamanen. Einen Kilometer weiter südlich lagen Schatten auf dem Wasser des Kanals, der ein Stück in den Tennopark führt und dann scharf nach rechts abbiegt – hinein ins Land der Toten. Ich stellte mir vor, über die gußeiserne Kanalbrücke, über die großen Bäume hinter ihr in die Unendlichkeit des imaginierten Königslands hineinzufliegen, um erst Jahre später (die mir wie ein einziger Tag erschienen wären) wieder daraus aufzutauchen als einer, der wirklich etwas zu erzählen hätte und doch stumm würde bleiben müssen, weil niemand mitteilen kann, was er im Jenseits gesehen hat. Nur soviel würde ich sagen dürfen: daß niemand Grund hat, über die alten Sagen und Volksbücher zu lächeln und daß man vor dem Tod keine Angst zu haben braucht.

Übrigens bin ich, einige Wochen später, am Neujahrsfest, tatsächlich einmal im Innern des Kaiserparks gewesen, zusammen mit Tausenden von Japanern und Touristen, die den Tenno sehen wollten, der sich an diesem

Tag, ein kleiner, stark lächelnder Mann, zu jeder vollen Stunde mitsamt seiner Familie hinter Panzerglas auf einem Audienzbalkon präsentierte und uns ein gutes Neues Jahr wünschte. Der Eindruck unendlicher Natur wird im Innern grausam desillusioniert. Zumindest der Teil des Parks, der bei dieser Gelegenheit zugänglich gemacht wird, ist fast ebenso voller Gebäude und Straßen wie die Außenwelt. Er ist nur deshalb so lückenlos ringsum mit Bäumen, Mauern und Erdwällen umgeben, damit nirgends ein Schußfeld offenbleibt. Die Umgrenzungen des Paradieses haben keine theologische, sondern militärische Bedeutung. Die Natur-Sichtblenden sind als Kugelfang angelegt. (Ein gründlich enttäuschender Vormittag, den ich schnell wieder vergessen habe. Auch gibt es östlich der Gegend unmittelbar um den Palast noch ein weites Gelände, auf dem die Stadtkarte überhaupt keine Gebäude verzeichnet).

★

Gerade indem die Weltstadt die Natur so weit von sich entfernt, wie es in Tokyo geschehen ist, hat sie ein urtümliches Verhältnis zu ihr neu hervorgebracht. Ich stelle mir Naturreligionen der Zukunft vor, die in den Slums der bis dahin fünfzig oder hundert Millionen umfassenden Städte sich ausbreiten und in denen Vorstellungen darüber eine große Rolle spielen werden, was in den Parks der Reichen angeblich vor sich geht – hinter den Asbestbetonmauern, dem Minengürtel, dem Stacheldraht, den auf den Ringstraßen patroullierenden Panzerspähtrupps. Manchmal wird man vielleicht Delegationen der Armen dort von schwerbewaffneten Polizisten herumführen lassen, in die Weinberge, auf die Wiesen, durch die Wälder mit den klaren Seen: um dadurch dem Aberglauben in den Wellblechhüttenebenen unter den Hochautobahnen – abstrusen Ideen, die auch politisch immer gefährlicher zu werden beginnen – durch Augenschein die Grundlage zu nehmen. Aber diese Delegationen werden nach ihrer Rückkehr von Engeln und Sirenen erzählen, die sie drüben gesehen haben wollen und die sie mit Tränen in den Augen beschworen hätten, draußen mit den Menschenopfern gewissenhaft so lange fortzufahren, bis ihnen der Ausbruch aus dem Gefängnis gelungen wäre, bis sie kämen, die Getreuen ins Paradies heimzuführen.

Vielleicht ist die Natur schon immer eine Fiktion gewesen. Aber ich denke, es hat Zeiten gegeben, in denen ein vernünftiges Zusammenleben mit diesem Phantasma noch gelang. Im Sommer vor meiner Abreise nach Tokyo bin ich mit der S-Bahn von Frankfurt nach Wiesbaden gereist (»Ausflug ins neunzehnte Jahrhundert« dachte ich zufrieden vor mich hin, als ich am Automaten eine Fahrkarte herausließ). Die Lieblingsstadt Wilhelms II., im Krieg unzerstört, Sommerhauptstadt des Zweiten Kaiserreichs, reckte und entfaltete ihre hundertfachen historischen Anspielungen in den Nachmittagssonnenschein. Aber die Gesichter und Formen an den Villen und Repräsentationsgebäuden waren ganz leer, sie erinnerten an niemanden, sahen niemandem ähnlich, lösten keine allegorische oder heraldische Aufgabe, kein Programm war ihnen unterlegt außer dem, Renaissance, Barock, Gotik oder Klassizismus vorzustellen. Die Leere wurde deutlicher und beinahe quälend, als ich weiter in die Stadt hineinging und schließlich auf den Neroberg stieg, am Theater vorbei, von dessen Giebel blasende und hinweisende Genien nach rechts und links davonschwebten, fette Göttinnen auf Panthergespannen ins Unendliche davonfuhren und vor dem eine Schillerstatue die flanierenden Kurgäste anhielt, der Menschheit Würde zu bewahren, die in ihre Hand gegeben sei.

Im bergigen Villenviertel, in dessen Massiv ich auf Treppen und Hangsträßchen einstieg, ragten die architektonischen Gesten verstreut aus den Gärten – barocke Dächer, gotische Türme, Fachwerk, Söller, ein vereinzeltes Jugendstilhaus. Ich dachte, das müsse es sein, was Nietzsche damals als »Nihilismus« bezeichnet hat: die hemmungslose Hineinnahme aller werthaften Formgesten, die in der Geschichte einmal ein Problem bedeutet oder gelöst hatten, in ein unbestimmtes, formloses Eigenes, das sich weigert, Probleme auch nur anzuerkennen. Mir schien an diesem Nachmittag jedoch, als schafften alle diese architektonischen Gebärden zusammen, indem sie sich so entschieden der Natur und der Geschichte zugewandt hielten, einen neuen Wert, den wir erst heute, nachdem auch er verloren ist, zu schätzen beginnen könnten: ein Pathos, der Natur zuzuhören und die Sprachen der Geschichte zu lernen.

In der Nacht nach diesem Spaziergang schlief ich in der Wohnung Wiesbadener Freunde. Im Morgengrauen ging ich zur Toilette. Die Sonne war hinter den Bergen aufgegangen. Das Fenster stand offen. Das Zimmer lag in einer neugotischen Häuserzeile am Rand der Innenstadt. Draußen säumten Stadtpaläste einen Platz, in ihren

Dachlandschaften verlor sich der Blick. Auf der bewaldeten Anhöhe, an deren Fuß das Quartier lag, in den Gärten davor dröhnten die Vögel (als stünden hinter diesem Waldhügel nur wieder andere Unendlichkeiten von Wald, als donnerten überall auf der Welt im Morgengrauen die Vögel). Ich trat ans Fenster. Die Karyatiden, die am nächstgelegenen Palast einen barocken Balkon tragen mußten, schienen unter ihrer Last, die plötzlich leichter war, zu lauschen. Es ist uns noch manchmal vergönnt, dachte ich, die versprengten historischen Wertgesten, die auf uns gekommen sind, in uns lebendig zu machen und den Vögeln zuzuhören. Stark, fähig gar, uns den Barbaren entgegenzustellen, werden wir davon nicht. Aber von allen Aufbrüchen zu neuen Horizonten sind wir ausgerechnet hierher zurückgekehrt. Mit unserer Schlagkraft ist es aus.

★

Die Entsublimierungsgefahr droht gerade von der hoffnungslos umzingelten Natur. Im Verlauf des Kriegs der Artefakte gegen Natur und Geschichte gibt es einen Punkt, an dem die Sehnsucht nach beidem, wenn sie sich noch einmal zeigt, sofort gewalttätiges Ausmaß annimmt. In einer Art putativer Notwehr ruft die kollektive Erinnerung dann die stärksten geschichtlichen und natürlichen Pathosformeln auf, die ihr zur Verfügung stehen. Natur und Geschichte scheinen ineinander abzustürzen (»der Fundamentalismus«). Aber es werden keine Fundamente mehr gefunden. Natur und Geschichte erweisen sich als bodenlos.

Im November 1970 unternahm der japanische Schriftsteller Yukio Mishima eine Art Operettenputsch, mit dem er das Tenno-System der Vorkriegszeit wiedereinführen wollte und dessen promptes und voraussehbares Scheitern ihn dazu veranlaßte, sich in jener bekannten grauenvollen Weise zu entleiben. Ein Jahr zuvor hatte die Londoner »Times« einen Essay veröffentlicht, in dem Mishima eine berühmte antimoderne Revolte der jüngeren japanischen Geschichte als Versuch interpretierte, die Integrität einer durch Rationalisierung verwundeten Kultur durch Blutopfer wiederherzustellen: den »Shinpuren«-Vorfall von 1877 (nur mit Schwertern bewaffnete Samurai griffen damals eine Kaserne der jungen Armee der Meiji-Reformdynastie an; alle, die nicht erschossen wurden, begingen rituellen Selbstmord).

»Wo immer eine nationale Kultur ihre Totalität wiederzugewinnen versucht«, schrieb Mishima, »kommt es zu fast irrsinnigen Vorfällen. Solche Erscheinungen sind zu interpretieren als die Unterströmung des japanischen Nationalismus, die immer wieder wie Lava durch die Oberfläche eines Vulkans bricht. In den letzten hundert Jahren haben die Japaner enorme Anstrengungen unternommen, ihr Land zu einem Musterbeispiel westlicher Zivilisation zu machen. Diese unnatürliche Haltung hat sich oft ad absurdum geführt: Der Pferdefuß war nur allzu sichtbar!« Ein paar Wochen später brach die Lava durch die Erdoberfläche wie Mishimas Gedärme durch die aufgestochene Bauchdecke, Körperlichkeit und Geschichte traten in einem »irrsinnigen Vorfall« zutage. Der Wald kehrte für einen Augenblick zurück. Der Todestag Mishimas jährte sich im letzten November zum zwanzigsten Mal. Ich sah ratlos und resigniert vom Straßenrand aus einigen hundert kahlgeschorenen, muskulösen Männern zu, die irren und leeren Blicks, rechtsradikale Parolen brüllend, Mishimas Portrait durch die Straßen trugen. Die Einkaufsmassen schienen durch sie hindurchzusehen, als wären es Gespenster. Mishima und die Seinen, denke ich in düsteren Momenten, werden unter den Heiligen und Märtyrern jener ökofundamentalistischen Ghettoreligionen der Zukunft sein.

★

Noch ist es nicht soweit. Der Name des im Westen bekanntesten Tokyoter Vergnügungsviertels, Roppongi, bedeutet: »Sechs Bäume«. Die drei Schriftzeichen, aus denen dieses Wort besteht, bilden einen kleinen Piktogrammwald, in dem man, im Zeichen für »Baum«, noch deutlich Krone und Stamm ausmachen kann: 木 . Das Zeichen für »sechs« ähnelt dem »Baum«-Zeichen: 六 – und das Zählsuffix für, wie es im Lehrbuch heißt, »lange zylindrische Gegenstände«, das dem Zahlwort, wenn es um Bäume geht, angehängt werden muß, besteht überhaupt aus dem Zeichen für »Baum«, dem jedoch ein kleiner Querstrich hinzugefügt worden ist: 本 . In Roppongi gibt es kaum noch Bäume. Aber das schriftetymologisch so reichhaltige Bedeutungsbildchen erkennt man in fast jeder Restaurantreklame, auf allen Straßenschildern und an den Bushaltestellen: 六 本 木 .

Der Flurname und sein Schriftbild entstanden im sechzehnten Jahrhundert, als in dieser Gegend die Stadtresidenzen von sechs Feudalherren lagen, in deren Namen sämtlich das Zeichen für »Baum« vorkam. Manchmal am Morgen, wenn ich Lust habe, zu Fuß ins Büro zu gehen und unterwegs irgendwo zu frühstücken, kann es geschehen, daß, während ich in den Straßentälern wandere und die Autos um mich heulen, mir die als Schriftzeichen überall herumgeisternden Bäume in einer Bildgestalt erscheinen: sechs düstere alte Eichen, die auf einem Gemälde beispielsweise Jacob van Ruisdaels auf einer Anhöhe stehen, vor dem aufziehenden Sturm. Nachts dann, auf dem Rückweg, den ich auch manchmal zu Fuß mache, ist Roppongi von den Leuchtreklamen verschiedenfarbig angeleuchtet. Der Bilderwind geht jetzt von den vorübergehenden Frauen aus.

Auf meinen abendlichen und nächtlichen Spaziergängen durch Roppongi gebe ich mich der zeitweiligen Auflösung meiner Seelenkräfte ins Atavistische hin (das hier ganz zwanglos aus dem Elegant-Erotischen hervortritt). Blutrote Dolche sitzen an schlanken weißen Fingern, die im Vorübergehen beim Lachen vor den Mund geführt werden. Ein bißchen Lippenstift ist auf den Schneidezähnen verschmiert, als hätten sie gerade in rohes Fleisch gebissen. In meiner Phantasie werden die vorübergehenden Frauen schöner und mächtiger als alle, mit denen ich je geschlafen habe. Hinter den Mauern der Anonymität, der gespenstischen Augenblicklichkeit ihres Auftauchens und Wiederverschwindens, hinter den Wällen der fremden Sprache, der unüberbrückbaren Verschiedenheit ihrer Bürowelt von der meinen, beginnt der unendliche Wald, den ich nie betreten werde. Das Bild einer Sirene aus dem neunzehnten Jahrhundert, ein viktorianisches Gemälde, das ich neulich in einem Museum hier gesehen habe, fällt mir ein: eine schöne Frau auf einem Felsen, an dem Schiffe scheitern, eine Harfe im Arm, von der sie sich, aufwärts schauend, wegwendet, während sie auf ihr spielt. Zu ihren Füßen liegen zerbrochene Masten und das faulende Haupt eines Gestrandeten (vielleicht ist es jedoch auch nur eine angeschwemmte Kokosnuß oder ein anderes undeutliches Strandgut). Im Haar und um den Hals trägt sie Perlen und Korallen. In ihren großen, in Tränen schwimmenden Augen steht merkwürdigerweise der Ausdruck großer Angst. Von rechts, wo ein Wrack vor einer besonnten Küste liegt, bricht Dunkelheit herein. Auf dem offenen Meer am Rand des Bildes ziehen Sturmwolken.

Nun kann man nur noch nach Hause gehen. Die Gärten und Parks des Wohnviertels, das ich mir aufgrund meines vorübergehenden Reichtums als Angestellter einer ausländischen Firma leisten kann, sind voller undeutlicher Gespenster. Es ist schwer, die Todesschreie der Natur unbewegt anzuhören. Ich fühle mich aufgerufen, aber ich weiß nicht, wozu. »Der Frosch antwortete: deine Kleider, deine Perlen und Edelsteine und deine goldene Krone, die mag ich nicht: aber wenn du mich lieb haben willst, und ich soll dein Geselle und Spielkamerad sein, an deinem Tischlein neben dir sitzen, von deinem goldenen Tellerlein essen, aus deinem Becherlein trinken, in deinem Bettlein schlafen: wenn du mir das versprichst, so will ich hinuntersteigen und dir die goldene Kugel wieder heraufholen«.

Über die Macht und über vergessene Zimmer

I. Not Prince Hamlet

No! I am not Prince Hamlet, nor was meant to be;
Am an attendant lord, one that will do
To swell a progress, start a scene or two,
Advise the prince; no doubt, an easy tool,
Deferential, glad to be of use,
Politic, cautious and meticulous;
Full of high sentence, but a bit obtuse;
At times, indeed, almost ridiculous –
Almost, at times, the Fool.

T. S. Eliot

Beim Näherkommen durch die Straßen Tokyos wird vom »Shiba Golf Driving Range« zuerst, am südlichen Rand des Shiba-Parks, ein Netzzaun sichtbar, der von dreißig Meter hohen Stahlmasten herabhängt. Fast gleichauf mit seiner oberen Kante fahren Autos auf einer Hochautobahn durch die Luft. Zu verschiedenen Jahreszeiten bin ich auf dem Gipfel eines vernachlässigten kleinen Parkhügels gestanden, von dem aus man ins Schußfeld aus Rasen und Plastikbelag hinuntersieht. Ein Hagel gelber Golfbälle geht pausenlos dort unten nieder und läßt mich, je länger, desto tiefer, in theoretische Träumereien versinken.

Durch Astwerk, Stahlträger und Fangnetz hindurch

beobachte ich die Spielerinnen und Spieler in leichten Pullovern, karierten Wollhosen und Halbfingerhandschuhen, die in den offenen Logen eines dreistöckigen Galeriegebäudes stehen, die Bälle vor sich zurechtlegen, sie mit schönem Schwung ins Schußfeld hinausdreschen und danach in einer dekorativen Pose erstarren, den Schläger in der Luft, dem Flug der Kugel hinterherschauend. Der in diese Landedelmannspose hineinführende Bewegungsablauf ist in jedem Augenblick in jeder seiner verschiedenen Phasen irgendwo auf den drei Stockwerken des Abschußgebäudes zu sehen (»ein ergonomisches Museum zum Studium des großbürgerlichen Körpergefühls«, denke ich fröhlich). Auf dem grünen Plastikbelag, der im hinteren Teil des Geländes steil ansteigt, liegen schon am Vormittag Zehntausende von Bällen, die ein merkwürdiges Eigenleben führen, sich in Abrollrillen sammeln, einander anstoßen, aufeinanderprallen, Kolonien und Figuren bilden oder einfach irgendwohin ausrollen und still wie Blumen liegenbleiben.

Jede halbe Stunde verstummt das tischtennisartige Klackern vom Abschußgebäude her, und eine rote Markierungsfahne, die das einzige, kreisrunde Green in der Mitte des Geländes kennzeichnet, beginnt sich zu bewegen. Sie wächst aus dem Boden hervor, wird zu einer Stange, knickt an einem Gelenk unmittelbar über dem Boden ab und wird von einem unterirdischen Motor als Fegarm im Kreis herumgewirbelt, bis alle Bälle aus dem Zielkreis gekullert sind – worauf die Stange sich einzieht und, jetzt wieder eine Markierungsfahne, aufrichtet, bevor der Ballbeschuß neu einsetzt. Besonders in der Dämmerung, wenn über dem Feld das Flutlicht angeschaltet ist und die Spieler auf den Galerien zu kleinen dunklen Silhouetten werden, bin ich gerne hier. Jetzt, inspiriert von der »Ordnung der Dinge« auf der Golftrainingsanlage unter mir, kann ich, wie Foucault am Ende jenes Buchs, darauf »wetten, daß der Mensch verschwindet wie am Meeresufer ein Gesicht im Sand«, oder ich kann, wohlig mich graulend, Ernst Jüngers »Gestalt« des »Arbeiters« visionär hinter den Leuchtreklamen erschauen, die inzwischen rings um den »Shiba Golf Driving Range« angegangen sind und »ihr Spiel beginnen«, wie es Foucault sicher ausgedrückt hätte.

Indem ich mich in die »totale Mobilmachung« der Golfbälle versenke, der »Antiquiertheit des Menschen« und der »Agonie des Realen« dort unten nachsinne, wird mir der kleine Höhenpark zum Feldherrnhügel sozialkritischer Rundumschläge, die um so unerbittlicher ausfallen, als ich von hier oben aus keinem der trainierenden Japaner ins Gesicht sehen kann, um festzustellen, ob dieses tatsächlich unterm Ansturm der Elemente verschwindet. Die weitausholenden Verallgemeinerungsgebärden der verschiedenen Sozialkritikschulen gehen mir auf diesem Hügel mit so dekorativer Grandezza von der Hand wie den Einheimischen drunten das Hantieren mit den teuren Schlägern, das Ballzurechtlegen, Körperschwungholen, Dreschen und Erstarren. Auch wollen wir alle miteinander etwas anderes sein als wir sind (zu hart arbeitende Angestellte nämlich). Die Japaner tagträumen sich vermutlich um in gentrifizierte »men about town«, bei denen es freilich noch nicht zum Landbesitz gereicht hat, sondern vorerst nur zu einem Sortiment von Golfschlägern aus allerlei seltenen Metallen und ausgeklügelten Harthölzern; ich dagegen habe mich in die Figur eines letzten Europäers hineinstilisiert, Bürger, Flaneur und Flaschenpostaussender, der Bescheid weiß, sich lächelnd abwendet und in der Dämmerung durch die Straßen geht wie in T. S. Eliots »Lovesong of J. Alfred Prufrock«.

★

Seit dem Ausgang des vorigen Jahrhunderts ist die Kritik am Bürger – der Nachweis, daß seine Lebensform unmöglich sei, daß hinter seiner »Vernunft« und »Humanität« nur Machtansprüche stehen, seine Moral krank macht und seine Wirtschaft die Entwicklung der Produktivkräfte hemmt – die Grundfigur aller gesellschaftskritischen Haltungen und Gedanken. Trotz der Abschaffung des Bürgers in den Mobilisierungsbewegungen des Faschismus, des Stalinismus und des american way of life sind jedoch sein Bild und sein Habitus unterdessen allgegenwärtig geworden. In den Angestelltengesellschaften der Globalstadt, die Japan, Europa und die USA bedeckt, hat eine massenhaft restaurierte Bürgerlichkeit die Rolle des ästhetisch-umgangsformalen Allgemeinmediums übernommen, auf dessen Grundlage indische, japanische und amerikanische Angestellte sich miteinander verständigen und voneinander distinguieren können (vielleicht so, wie Sprache und Umgangsformen der entmachteten Griechen im römischen Weltreich allgemeiner zivilisatorischer Bezugsrahmen gewesen sind). Wir kommen einander nur insoweit nicht als Barbaren vor, wie wir dem Bild des Bürgers gleichen. Die Kleidung des untergegangenen Gentleman ist in den internationalen Geld-

und Machtapparaten zur Uniform geworden. Die Beherrschung seiner Sprache kann allgemein unterstellt werden (und jeder von uns, wie grauenvoll er das Englische verhunzen mag, glaubt, es zu sprechen). So wie der Bürger selbst, wenn es ihm ernst wurde, sich im Heros wiedererkennen wollte und zum Don Quijote wurde, so sehen wir uns als Bürger und werden durch unsere schiere Anzahl lächerlich.

Ich bin Angestellter. Mein Vater war Angestellter. Meine Großväter: Prokurist in einer schwäbischen Metallgießerei und Funktionär der evangelischen Kirche in Preußen, meine Urgroßväter Förster, Volksschullehrer, Behördenschreiber. Im Zentrum aller dieser Leben stand die Macht, zu der wir uns, die Generationen hindurch, hingezogen fühlten und die uns zugleich von sich fernhält, so daß wir um sie gravitieren. Die Macht wäre keine, wenn sie nicht töten könnte. Und doch haben meine Vorfahren und ich, zusammen mit Millionen unseresgleichen, sie über die beiden letzten Jahrhunderte hinweg in ein haltbares, klebriges Netz politischer, wirtschaftlicher, religiöser und kultureller Beschränkungen eingewickelt, aus dem sie nicht mehr heraus kann und durch das hindurch wir nicht mehr zu ihr kommen. Wir haben Ruhe voreinander, die Macht und ich, dank meiner und meiner Vorfahren Dienst an ihr. Und doch bin ich dauernd mit ihr beschäftigt. Die Macht steht mit der Entsetzlichkeit einer himmelhohen Säule im Zwielicht einer weitläufigen und öden Zentralgegend meines Unterbewußtseins, so wie sie, mit vielleicht noch etwas weniger verwitterten Konturen, im Unterbewußtsein meiner Urgroßväter stand. Wir haben die Macht gezähmt. Aber wir müssen ununterbrochen an ihr arbeiten, damit sie nicht ausbricht und über uns herfällt.

Entnommensein, legitimer Abstand von der Macht, deren Subjekt und Objekt er nie ernsthaft werden konnte, ist Privileg und Schande des Bürgers gewesen, dessen Lebensformen wir Angestellten, meine Großväter, mein Vater und ich, zu beerben versuchen. Den Raum jedoch zwischen ihr und uns, den wir uns durch Arbeit an ihr und für sie immer neu eröffnen müssen, hatte der Bürger ein für allemal um sich geschaffen, durch solche Arbeit und solchen Besitz, die man nur leisten und erwerben kann, indem man der Macht auf eigenem Grund den Rücken kehrt, sich für immer von ihr entfernt, sie, wenn man sie schon nicht endgültig stürzen kann, in sich selbst tötet und die Seelensäule umwirft.

Wir dagegen haben immer gewußt, daß uns etwas zum Bürger fehlt, und wir haben unablässig Angst gehabt vor der Macht, was uns paradoxerweise zu ihr hintrieb. Unser Trost sind die Bücher gewesen, in die hinein wir schon im Alter von dreizehn oder vierzehn Jahren oft davongingen und von denen wir schöne, recht gründlich gelesene Sammlungen zusammengebracht haben. Unser Trost war, was wir »Kultur« nannten, was uns zu nobilitieren schien und wovon viele von uns lebten, als Lehrer, Professoren, Redakteure, Übersetzer.

★

Ich schreibe das an einem unlackierten Fichtenholztisch auf einer Reiseschreibmaschine der Schweizer Firma

Hermes, der »Hermes Baby«, von der meine Frau neulich ein ungewöhnlich gut erhaltenes Exemplar, vermutlich aus den frühen fünfziger Jahren, auf einem Flohmarkt gekauft und mir geschenkt hat. Die »Hermes Baby« ist eine der bewährtesten und berühmtesten Reiseschreibmaschinen der Welt. Hemingway und Kapuściński haben sie benutzt. Die Hauptfigur in Max Frischs »Homo Faber« schreibt ihren »Bericht«, neben dem in der Wüste abgestürzten Flugzeug, auf einer »Hermes Baby«. Die repetiergewehrartige Präzision und Stabilität der Maschine, ihr schönes Schriftbild, ihr elefantengrauer, chintzartig gekräuselter Spritzanstrich, ihr bitteröliger Metallgeruch, der saubere Edelstahl ihrer Innenkonstruktion, der Produktname in einer ovalen Plakette und die Worte »Made in Switzerland«, die jedesmal links auftauchen, wenn ich eine neue Zeile beginne: all das, denke ich samstag- und sonntagmorgens, wenn ich an dem abgebeizten Fichtentisch sitze und an einem Aufsatz wie diesem schreibe, ist so viel schöner als ein Computer. Ein Marmeladenglas mit zwei roten, drei rosa und einer violetten Tulpe steht neben einer Teetasse, die manchmal leer ist, manchmal, frischaufgefüllt, dampft. An klaren Vormittagen liegt ein Sonnenfleck auf dem polierten Holz meines Tischs.

Fast dasselbe Arrangement habe ich neulich in einem Kaufhaus gesehen, eins dieser merkwürdig intimen Kaufanimations-Interieurs, die aussehen, als seien sie gerade von Thomas Mann oder Franz Kafka verlassen worden, freilich mit einer viel älteren, bestimmt nicht mehr funktionstüchtigen Schreibmaschine und mit ganz sinnlos zusammengestellten, rotledern gebundenen Büchern auf Schwedisch zwischen zwei nashornförmigen Buchstützen aus Mahagoni, jedoch mit einem Holztisch wie meinem und mit einem Tulpenstrauß, wie ihn meine Frau oft freitagnachmittags kauft und in meinem Zimmer aufstellt (die Tulpen im Kaufhaus freilich waren aus Plastik). Junge japanische Einkaufspaare drängten sich an diesem Schreibtisch vorbei, auf den von der Decke der Schein eines Spotlights gerichtet war, und über den Krawatten hingebreitet lagen, deren Streifenmuster in den zwanziger Jahren in Großbritannien den entscheidenen Unterschied zwischen einer guten und einer mittelmäßigen Public school bedeutet und über Erfolg oder Mißerfolg eines Lebens entschieden hätten. Feine und neue Stoffe bauschten sich als Anzug und Kostüm an den zierlichen, sauber gewaschenen Körpern um mich. Goldene und silberne Uhren sahen an Krokodillederarmbändern aus gestärkten Manschetten hervor. Um jeden von uns, so sehr wir uns aneinander vorbeiquetschen mußten, war ein unsichtbarer Abstand vom anderen. Unsere Enthobenheitssehnsucht, unser Distanz- und Einmaligkeitsbedürfnis, das bei vagen Erinnerungen an die bürgerlichen Lebensformen verweilt, wurde durch die Massenhaftigkeit unseres Vorkommens keinen Augenblick lang gestört.

Und auch mein Schreibtisch ist noch immer unangefochten mein Freiplatz, auch wenn man mit genau denselben Interieurs, wie ich sie samstag- und sonntagmorgens um mich aufbaue, im Kaufhaus Krawatten verkauft. Ich, denke ich, wenn mich die Arbeitswoche über der Gedanke an die beiden fast identischen Schreibtische anficht, schreibe an meinem ja bald wieder tatsächlich.

Aber mit demselben Recht könnte einer der Dandys im Kaufhaus sich sagen, daß er ja tatsächlich eine Krawatte ausgesucht und gekauft habe, in deren Tulpenfarben sich die Distinktion zusammengezogen hat, die seinem wirklichen Leben fehlt. So dient uns beiden das Bild des Bürgers als Bezugspunkt unseres Individualitätsstrebens und als »room of one's own«, ohne den wir dem Druck der großen Organisationen um uns innerlich nicht standhalten könnten.

Das Morgenlicht in den Bäumen vor meinem Fenster. Das Ticken, manchmal der Schlag der Wanduhr. Das Geräusch meiner Schreibmaschine. Kindergeschrei, Schaukelquietschen, Vogellaute kommen zur offenen Balkontür herein. Meine Bücher stehen hinter mir bis zur Decke. Ich lebe in einem prekären, befristeten neunzehnten Jahrhundert. Ich betrachte die Globalstadt, die sich jenseits des Gartens und des Wochenendes überallhin und in alle Zukunft zu erstrecken scheint. Ich mache mir Notizen. Irgendwo dort draußen (in einem wochenendleeren Großraumbüro, denke ich) brütet die Macht, die ich auch hier nicht vergessen kann. Der Vormittag wird heller. Am Himmel ziehen Wolken. Ein violettes Tulpenblatt mit schwarzem Blütenstaub liegt auf der Holzfläche des Tischs, in der sich der Himmel als weißlicher Glanz spiegelt.

II. Die Macht

Immer noch kann ich mich nicht daran gewöhnen, einen Anzug zu tragen, auszusehen wie ein Japaner, der wie die Kollegen meines Vaters in den fünfziger Jahren aussieht.

»Der Anzug, wie wir ihn heute kennen, entwickelte sich im letzten Drittel des Neunzehnten Jahrhunderts in Europa zum professionellen Kostüm der herrschenden Klasse. Beinahe so anonym wie eine Uniform, war er das erste Kostüm, das eine ausschließlich ruhende Machtausübung idealisieren sollte: die Macht des Administrators und des Konferenztisches. Der Anzug war im wesentlichen für die Gesten des Sprechens und des abstrakten Kalkulierens gemacht.» (John Berger)

Der Zug fährt in die Untergrundstation ein. Die Wagen aus unlackiertem Stahlblech sehen aus wie Kühlcontainer auf Rollen. Die Scheiben sind beschlagen. Im Innern des Zugs, dessen Startstation in einem weit entfernten Vorort liegt, stehen die Menschen so dicht, daß sie es nicht vermeiden können, einander direkt ins Gesicht zu atmen. Den meisten Sitzenden ist im Schlaf der Kopf tief auf die Brust gefallen, oder sie haben ihn auf die Schulter einer ihnen ganz unbekannten Person neben sich gelegt. Wer von den Stehenden einen Haltegriff abbekommen hat, birgt und stützt den Kopf schlafend in die Beuge des Arms und umklammert den Plastikgriff der Hängestütze, die jetzt etwas von einem Folter- oder Hinrichtungsgerät hat. Das Gesicht eines Mannes um die Vierzig ist mit der Wange voraus an die Glasscheibe der Tür gepreßt, die gleich aufgehen wird. Die Menschen fallen eher heraus, als daß sie aussteigen. Das Gesicht einer Frau in einem sehr schönen Kostüm ist vor Anstrengung oder Empörung gerötet (als sei sie gerade einem gewaltsamen Annäherungsversuch entgangen). Auf den ersten Schritten den Bahnsteig entlang ringen die Fahrgäste sichtlich darum, ihre Fasson wiederzugewinnen, eine Art Passantenwürde, die aus Unbeteiligtheit, Zeithaben, Gepflegtsein, Stolz auf sich bestünde. Schon an der Sperre, wo jeder sein Kärtchen abzugeben hat, ist ein gewisser Abstand zum anderen wiedergewonnen, die désinvolture fast restauriert.

»Es war der englische Gentleman – ganz im Sinne des neu entstandenen Klischees der demonstrativen Zurückhaltung –, der den Anzug lancierte. Er war ein Kleidungsstück, das kräftige Bewegungen hemmte, ja, das von Bewegung eher zerknittert, verbeult und verdorben wurde.«

Der U-Bahn-Ausgang läßt die Angestellten am Morgen im Rhythmus der Züge in großen Pulks frei, deren Massen zusätzlich durch die Phasen der Fußgängerampeln gestaut werden, so daß oft für mich mit dem Fahrrad (das man in Tokyo auf dem Bürgersteig benutzen darf) kein Durchkommen mehr ist. Dann steige ich ab und gehe neben den anderen Passanten zu Fuß weiter. Die noch weitgehend unramponierte Frischgewaschenheit um mich, die Farben der Krägen und Manschetten, das Blitzen der Knöpfe, die Ausgesuchtheit der Kostüme und Anzüge, die teuren Stoffe, die Glätte der heute morgen frisch aus der Packung genommenen Strumpfhosen, die nicht länger als einen Tag halten werden, die Spiegelung einer in Europa schon lang vergessenen Bürgertoilette an den kleinen, ihren Vorbildern so unähnlichen Körpern rührt mich als das Echo einer fernen Zeit.

»Und wenn er hinaustrat, so verschaffte die frische Wäsche an seinem Körper, die tadellose und diskrete Eleganz seines Anzuges, sein sorgfältig gewaschenes Gesicht, der Geruch der Brillantine in seinem Schnurrbart und der herb-kühle Geschmack des gebrauchten Mundwassers ihm das Befriedigungsgefühl, mit dem ein Schauspieler, der seine Maske in allen Einzelheiten vollendet hergestellt hat, sich zur Bühne begibt . . .«

Es ist meistens kurz vor neun, wenn ich, nur noch einige Schritte von meinem Büro entfernt, jeden Werktag morgens in diese improvisierte Trottoir-Modenschau gerate. Nun aber zerstreut sich das vor der Ampel aufgelaufene Feld eleganter Bürgerdarsteller wieder, auf eine merkwürdige und schauerliche Weise. Je nachdem nämlich, wie weit das Büro der einzelnen von der U-Bahn-Station entfernt ist, wird es für manche absehbar schwierig, genau um neun dort zu sein, wenn sie in dem Flaneurstempo, das ihre Kleidung ihnen vorschreibt, weitergehen. So verfallen erst einige, dann, von deren Nervosität angesteckt, andere, schließlich Dutzende von ihnen in ein ungeschicktes Laufen, in dem sie der über den Arm gelegte Staubmantel, die Aktentasche, die Enge des Kragens, das Jackett, am meisten aber die Würde hindert, um derentwillen sie all dies heute morgen sorgfältig angelegt haben.

Die Anstrengung zersetzt ihren Bürgerhabitus in verschiedenen Phasen: Zuerst gehen sie, noch wenig beunruhigt, kaum merklich schneller; dann ringen sie sich, man spürt, daß sie Angst haben, ins Schwitzen zu geraten, zu einem steifen Schweinsgalopp durch, bei dem nur die Beine vom unbewegt bleibenden Becken abwärts wedelnd sich mühen, eine Art beiläufiger Leichtfüßigkeit zu wahren; zu diesem Zeitpunkt jedoch haben einige andere schon alle Prätentionen abgeworfen und befinden sich im vollen, panischen Lauf, am erbarmungswürdigsten die Damen, deren hohe Stöckelschuhe und enge Röcke, gedacht als Requisiten ihres großen Auftritts, sie jeden Moment in Gefahr bringen, hinzuschlagen und alles zu verlieren. So geht es dahin. »Wirklich! Thomas Buddenbrooks Dasein war kein anderes mehr als das eines Schauspielers, eines solchen aber, dessen ganzes Leben bis auf die geringste und alltäglichste Kleinigkeit zu einer einzigen Produktion geworden ist, einer Produktion, die mit Ausnahme einiger weniger und kurzer Stunden des Alleinseins und der Abspannung beständig alle Kräfte in Anspruch nimmt und verzehrt ...«

★

Ein andermal, abends um halb zehn in der U-Bahn. Sie kommen aus Kneipen, die seltsam ungleichzeitig, als Relikte einer Vorzeit, vielleicht der Urzeit, in niedrigen Holzhütten nah der Büropaläste nisten. Den ganzen Tag und den frühen Abend haben die Männer unter dem schon morgens angeschalteten Neonlicht verbracht; jetzt kommen sie vom gemeinsamen Trinken. Gelegentlich war ich in ihren Alkoholhütten auch schon mit: jetzt, von der Bahn durchgeschüttelt, von der Arbeit müde und vom Fahrtlärm betäubt, scheinen mir diese Lokale in der Erinnerung erdlochartig gewesen zu sein, dunkel, von einer unerlösten Natürlichkeit (als lebten dort in Hinterzimmern Hetärenwesen aus früher Matriarchatszeit, deren Existenz den Ausländern verheimlicht wird).

Die Gesichter glühen in verschiedenen Stadien der Aufgelöstheit: Angestellte in Anzügen, den obersten Knopf der weißen Hemden offen hinter den gelockerten, aber niemals abgelegten Krawatten, bis zur Betäubung hingegeben der Männergemeinsamkeit mit den Kollegen, dem Etwas-Lustiges-Erzählen, dem Gemeinsam-Auflachen, dem Den-Anderen-Anstoßen. Sie scheinen auf einer Flucht nach vorn. Da sie sich nie mehr den Apparaten werden entziehen können, die ihren Körper, ihre Zeit, ihre Familie, ihre Gedanken, ihre Begierden, ihre Freundschaftssehnsucht so völlig für sich eingespannt haben, weil sie nirgends mehr hingehen können als in eine der winzigen, schlechtgebauten Behausungen weit draußen, weil jeder Rückweg versperrt zu sein scheint in ein Zimmer, das jeder der Männer für sich hätte und das ihnen vielleicht im Traum immer wieder erscheint, müssen sie beschlossen haben, sich völlig in die Beschleunigung hineinzuwerfen, die sie und die alte Welt verzehrt, nichts zurückzuhalten: Keins der Distanz-, Salon-, Fremdheitsgefühle soll übrigbleiben, jedenfalls nicht heute abend, bis sie gegen zwölf zu Hause ankommen und ins Bett fallen werden, bis um fünf der Wecker klingelt, sie halb schlafend in die Anzüge steigen und den Rückweg ins Büro antreten werden, sechs Tage in der Woche.

★

Die für europäisches Empfinden entsetzliche Anstrengung, Trostlosigkeit und Sinnleere dieses Lebens scheint die Körper der Angestellten langsam aufzulösen. In der Tokyoter U-Bahn treten Zustände der Preisgegebenheit zutage, wie sie in Europa bislang nur in einem Krieg oder auf der Flucht denkbar wären: Katastrophenalltag. Elegante Frauen haben sich auf der Sitzbank schlafend so tief zusammengekrümmt, als hätte man sie durch einen Genickschuß exekutiert. Ihr Kopf wird in der Entspannung des Tiefschlafs hin und her geworfen. Männern in Anzügen läuft der Schlafsabber über das nach unten weggesackte Kinn. Am Abend sind viele der Angestelltenköpfe unterm Einfluß des Alkohols purpurrot angelaufen; alle möglichen Formen des plötzlich alleingelassen vor sich Hinstarrens sind dann zu sehen, so viele Arten der Traurigkeit, der Öde, der Erschöpfung und der Hoffnungslosigkeit.

Die Aufhebung der bürgerlichen Schutzzonen um Leib und Leben der Angestellten, die Auflösung der Wohnung und der Privatsphäre, der Verlust der Freizeit, die Totalisierung des Büros und des Weges dorthin haben unheimliche, vielleicht vorbürgerlich-archaische Bilder zum Vorschein gebracht. Hinter den Anzügen bricht etwas hervor, wofür Beobachter der Angestelltenkultur im Berlin der zwanziger Jahre den Begriff des »Elementaren« benutzt haben; im Neonzwielicht wird die mythisch-gespenstische Landschaft der Macht sichtbar, die aus einer erschöpften Bürgerwelt emporsteigt.

»Es gibt eine Menge phantastischer E.T.A. Hoffmann-Figuren unter den Angestellten vorgerückten Alters. Irgendwo sind sie steckengeblieben und erfüllen seitdem ununterbrochen banale Funktionen, die alles andere als unheimlich sind. Dennoch ist es, als seien diese Menschen in eine Aura des Grauens gehüllt. Sie strömt von den verwesten Kräften aus, die innerhalb der bestehenden Ordnung keinen Ausweg gefunden haben« – so heißt es in Siegfried Kracauers großer Angestelltenreportage aus der Vorkriegszeit. Zugleich mythische und technische Energie scheint in den Raum des Bürgerlichen eingedrungen zu sein, den wir eilfertig verlassen haben und zu vergessen schon bereit sind.

In den zwanziger Jahren, als Ernst Jünger den »Einbruch elementarer Mächte in den bürgerlichen Raum« und die »Technik als Mobilisierung der Welt durch die Gestalt des Arbeiters« beschrieb, hatte man schon fühlen können, wie dieses Maschinen- und Mammuthafte sich näherte. Ich habe es als Kind kommen gehört, wenn ich einschlafend im Bett lag und irgendwo in den Hügeln der Stadt eine beschleunigende Dampflokomotive schneller werdend stampfte und zugleich ein Dinosaurier war, der mich schreckensstarr Daliegenden jetzt zermalmen und fressen käme. Heute, in der U-Bahn, kann ich mein erneuertes Kindergrauen durch keine neusachliche Begeisterung für die Moderne beschwichtigen. »Es muß doch gefährlich sein, es kann doch zu nichts Gutem führen, daß Menschen so leben müssen« sagt etwas in mir, von dem ich natürlich nicht weiß, ob es nicht nur ein europäisches Ressentiment ist. Aber die Kräfte der Mobilmachung sind ja auch in Europa am Werk. Sie haben ja schon gezeigt, was sie können. »Dennoch scheint es, als seien diese Menschen in eine Aura des Grauens gehüllt. Sie strömt von den verwesten Kräften aus, die innerhalb der bestehenden Ordnung keinen Ausweg gefunden haben« (geschrieben 1929).

★

Die bürgerliche Individuationstechnik (die zugleich Grundlage des europäischen Begriffs der Politik seit der

Antike war) braucht das Haus, in dem der Bürger Herr ist (Aristoteles' »oikodespotes«). Wer kein Haus hat, in wessen Haus die Macht jederzeit eindringen kann, wer (wie in Tokyo fast jeder Nachkomme eines Hausbesitzers) die Erbschaftssteuer für ein Haus nicht bezahlen kann und an einen der großen Immobilienkonzerne verkaufen muß, sobald ihm eines zufällt, für den ist das Wilhelm-Meister-Modell der individuellen Sinnfindung so sinnlos wie das Abraham-Lincoln-Modell demokratischer Partizipation. Den klassenbewußten Proletarier, der sich, zusammen mit den Genossen, die sozialistische Welt als sein Haus baute, der das Erbe des Bürgers also von einer gesicherten Position aus hätte antreten können, gibt es nicht mehr. Wer jetzt kein Haus hat, der schwebt in der antik-vorbürgerlichen Gefahr, zum Metöken oder Sklaven abzusinken und weiter hinunter: in die Sphäre jener mythisch-vorgeschichtlichen Sumpf- und Schlumpfwesen, die Walter Benjamin zu der Zeit, als Kracauer die Angestelltenwelt beschrieb, in den Romanen Kafkas gesehen hat: »Noch sind sie aus dem Mutterschoße der Natur nicht voll entlassen und haben darum sich in einer Ecke auf dem Boden auf zwei alten Frauenröcken eingerichtet. ›Es war ihr Ehrgeiz, möglichst wenig Raum zu brauchen, sie machten in dieser Hinsicht, immer freilich unter Lispeln und Kichern, verschiedene Versuche, verschränkten Arme und Beine, kauerten sich gemeinsam zusammen, in der Dunkelheit sah man in ihrer Ecke nur ein großes Knäuel.‹« Mir scheint, als hätte ich in der U-Bahn Tokyos manchmal, wenn die Bürgerfasson an den Rand der Auflösung geriet, Übergänge aus unserer Wirklichkeit zu solchen Kauergeschöpfen gesehen.

Dann stand die Macht, so schmutzig, verkommen und entsetzlich, wie Kafka sie beschrieben hat, augenblickslang aus der Unsichtbarkeit aufgetaucht, irgendwo im Großraumabteil des unterirdischen Zuges.

Bilder antiker Völkerwanderungen suchen mich auf den U-Bahnhöfen von Tokyo heim, Phantasien über Nomadenströme, Zwangsumsiedlung, große, stummverzweifelte Trecks. Sie kämpfen sich eben an einer Hütte vorbei, wo eine historisch schwer deutbare Götter- oder Heroengestalt (wahrscheinlich Augustus) dem bäuerlichen Hausherrn, er heißt Tityrus, eine merkwürdige Enthobenheit und Sicherheit geschenkt hat. Tityrus sitzt im Schatten und spielt auf der Flöte, während der lange Zug sich vorüberschleppt. Da entdeckt er einen Bekannten, der unter den Elendsgruppen mitzieht, seinen Hof verloren hat und Gott weiß wohin fliehen muß (bis ans Ende der Welt, nach Britannien vielleicht, sagt er). Für eine Nacht, sagt Tityrus zu ihm, kannst du bei mir bleiben. Ich habe reife Äpfel, weiche Kastanien und frischen Käse. »Schau«, sagt Tityrus zu Meliboeus, »schon steigt in der Ferne der Rauch vom Dach der Gehöfte, größer und dunkler fallen von Bergen die Schatten.«

Nicht im bürgerlichen Haus hat jener Meliboeus aus Vergils erster Ekloge für eine Nacht Zuflucht gefunden, sowenig wie ein Haus für uns Tokyoter Nomaden noch im Bereich unserer finanziellen Möglichkeiten liegt. Die Hütte des Tityrus ist ein älterer Raum, das Asyl der hellenistischen Weltflucht, der Stoa, der Schule Epikurs, des Kynismus, ein Freiplatz, für den es kein Haus braucht und keinen Besitz (beides kann die Macht aus einer

Laune heraus konfiszieren), für dessen Besitz nicht einmal körperliche Unversehrtheit und Leben Vorraussetzung sind (das kann auch den Reichen von der Macht jederzeit genommen werden). Es bedarf zu der Freiheit, die diese Schulen gelehrt haben, einzig der Kontrolle dessen, was jedem von der Gottheit in die eigene Macht gestellt ist: Kontrolle der Gedanken, des Seelenraums, des inneren Bezirks, der immer und unter allen Umständen offen steht. In den hellenistischen Seelentechniken haben sich, ebenso wie im Buddhismus, Erinnerungen an allerlei schamanistische und fakirische Fähigkeiten erhalten, an Künste, die einem erlauben, sich Nadeln durch die Wangen treiben oder sich lebendig begraben zu lassen. Sie scheinen mir auf meinen U-Bahnfahrten durch Tokyo den östlichen Methoden des Überlebens, der Erleuchtung und Selbsterhaltung näher und für das Leben hier geeigneter zu sein als bürgerliche Lebenstüchtigkeit.

Ich habe das hellblaue Kröner-Bändchen (Epiktets »Encheiridion«) in der rechten Hand, die ich, völlig von meinen Mitpassagieren eingekeilt, nach oben aufgestützt habe, auf den makellosen Edelstahl des Gepäcknetzhalters. Der Zug donnert seit einer Viertelstunde durch Yokohama (oder ist es noch Kawasaki?). An jeder Station steigen mehr Leute ein, und niemand steigt aus. Mein grauer Sommeranzug, in dessen Innentasche das dünne Bändchen gerade paßt, ist zu einer Rüstung geworden. An der pannonischen Grenze, in sarmatischen Winternebeln, hinter denen sich die Barbarenheere versteckt halten, sitzt der Kaiser Marc Aurel, Schüler des Freigelassenen Epiktet, in einem Soldatenzelt auf dem Boden. Er schreibt: »Du hast nur noch kurze Zeit zu leben. Lebe wie auf einem Bergipfel. Denn es macht nichts aus, ob man hier oder dort lebt, vorausgesetzt, daß man überall lebt wie ein rechter Bürger des Weltstaats.«

III. Vergessene Zimmer

Samstagnachmittag. Wir haben im Shinjuku-Park zweimal die »große Runde« gemacht, zusammen mit Hunderten von japanischen Familien, die auf dem englischen Rasen picknickten oder in einer französischen Platanenallee auf und ab gingen, durch den japanischen Teil des Gartens, wo die Menge Karpfen fütterte und alte Männer mit Gärtnerhüten auf Holzleitern standen, um mit Scheren die Kiefernsprossen zu stutzen.

Ich habe dir im Gehen wieder einmal meine Theorie des »fake essayism« erläutert, nach der diese Literaturform eigentlich untergegangen ist; meine Schreiberei beziehe sich auf die großen Vorbilder Benjamin, Aragon, Kracauer, Hessel, Benn, Bloch, Jünger, Breton notwendig mit derselben Epigonenhaltung wie (mein Lieblingsbeispiel) die Lounge Lizzards auf John Coltrane. Daß ich mich aber zu dieser Epigonalität als einem Arbeitsprinzip bekennen wolle. Es könne nicht anders sein. Worauf du mir, ebenfalls nicht zum erstenmal, deine »Tokyoter Theorie des Glücks« in Erinnerung gerufen hast, nach der allem, sagst du, was Europäern oder Amerikanern hier bekannt vorkommt, eine Differenz eingebaut ist, in der jedoch merkwürdigerweise das Glück Zuhause sei: ein Glück wie nach der Sintflut oder wie nach Barbareneinfällen, ein Glück der Erinnerung an etwas – und eben Erinnerung, sagst du, gehöre zum Wesen des Glücks überhaupt, das sich nie, oder nur ganz selten, in einem »erfüllten Augenblick« ereigne oder im »Hier und Jetzt« oder in etwas ähnlich Dummem, sondern stets in der Erinnerung oder in der Sehnsucht nach einer Zukunft oder im Nachdenken über einen Ort, wo man nie war. Insofern seien wir, gerade wenn wir glücklich sind, Zitate, und deswegen seien wir beide auf unseren Spaziergängen durch Tokyo so oft glücklich, worauf wir beschlossen, in jenem Coffeeshop, ein paar Straßen vom Park entfernt, in dem wir uns immer vorkommen wie irgendwo in San Francisco, ein bißchen was zu essen (zwei glückliche einsame Europäer, die nur aus Zitaten bestehen, beim Kaffeetrinken, Lesen und Hot dog-Essen).

★

Inzwischen sind wir wieder zu Hause und haben uns in unsere Zimmer zerstreut. In meinem liegt Spätnachmittagslicht. Die Farben der Bücher hinter mir und die im Garten vor dem Fenster leuchten noch einmal auf, bevor die schnelle subtropische Dämmerung kommt. Nichts, denke ich, an meinem Tisch Tee trinkend und zum Fenster hinaussehend, ist vorerst übriggeblieben als ererbte bildungskleinbürgerliche Tugenden, so epigonal und ein bißchen lächerlich sie sich an mir ausnehmen mögen (und auch dieses Zimmer wirst du bald genug wieder verlassen müssen). Jenseits des Gartens, des Ausländerviertels (in dessen Parks, Gärten und Straßen wir uns immer vorkommen wie in Paris oder Lissabon) hat sich die Macht mit ihren Maschinen, ihren Autobahnen, ihren sklavenhalterischen Arbeitszeiten, ihren mörderisch hohen Preisen in der Weltstadt so breit gemacht, daß sich die Menschen fast nicht mehr rühren können. Hier, in meinem künstlichen, befristeten Bürgerbezirk, bleibt mir einstweilen nichts Spektakuläreres als werktägliche Arbeit, Lesen, Schreiben, Geduld, Hoffnung gegen den Augenschein, innere Unabhängigkeit und vielleicht auch die Erinnerung an die stoische Virtuosität, einen unzerstörbaren Innenraum unmittelbar unter den Augen der Macht zu errichten (fake essayism, fake-Bürgertum, fake-Stoa). Es gibt keinen Ausweg aus meiner Epigonalität. Aber das macht nichts. Alles was Räume eröffnet und gegen die Macht hilft, ist mir recht.

Ich sitze an meinem Tisch in der Dämmerung und mache die Lampe noch nicht an. Ich sehe es immer wieder im Traum. Es ist ein großes, merkwürdiges Zimmer. Um einen staubigen und verwitterten Tisch sind gebrechliche graue Holzstühle versammelt, als treffe sich hier jemand in den Zeiten meiner Abwesenheit, während denen ich die Existenz dieses Zimmers vergessen habe. Aus demselben dünnen, staubgrauen Holz (es sieht aus, als habe es lange im Freien gelegen) sind die leeren Glasschränke an der fensterlosen Wand mit dem Eingang. Die anderen Seiten des Zimmers sind sämtlich länger als diese, so daß sich ein trapezförmiger Grundriß ergeben hat. In den Wänden ist ein Fenster am anderen. Kein Bild, kein Möbel paßt in die Abstände zwischen ihnen. Einige sind mit Klappläden von außen verschlossen. Das Glas ist dünn, leicht gewölbt und hat längliche, flache Luftbläschen.

Die Bohlen des Fußbodens geben ein Geräusch unter den Schritten. Draußen liegt eine belebte Straßenkreuzung, an deren Rändern gebaut wird. Soweit man in die umgebende Stadt hineinschaut, bis an den Horizont, gehen Ausschachtungs- und Aufbauarbeiten vor sich. Ich bin jedesmal, wenn ich im Traum hierherkomme, erstaunt, daß ich der Hausherr bin, erinnere mich dann aber doch wieder daran, daß die Miete für dieses Zimmer ja tatsächlich manchmal als eine Art Dauerauftrag in meinen Kontoauszügen vermerkt ist. Es kostet fast nichts, die Beiträge werden unregelmäßig erhoben und schwanken in ihrer Höhe. Einmal werden sich vielleicht wieder Handlungsräume eröffnen (so unvorhersehbar wie 1968 bei uns und 1989 in jenem anderen Teil der Weltstadt). Bis dahin und für immer warten vergessene Zimmer auf uns.

Im Palast / Entfernter Platz. Ein Urlaubsbild

I.

Damals hatten wir keinen Ödipus-, sondern einen Hamletkomplex.

Unsichtbare, bedenkenlose Heere sammelten sich irgendwo um den Thronfolger. Im Zentrum der Ordnung ist vielleicht ein Mord geschehen. Einziger Beweis: eine Geistererscheinung. Die Probe aufs Exempel besteht darin, dem bösen neuen König die Botschaft des Toten als Theaterstück vorzuspielen und seine Reaktion abzuwarten (»The king, very pale, totters to his feet«). Hamlet verwechselt sein Gefühl, daß man angesichts mancher Weltzustände nur verrückt werden kann, mit einer Strategie. Er schafft es nicht, seine Intuitionen aus der Sprache apokalyptischer Poesie in die der Wirklichkeit zu übersetzen.

Seine Politik besteht in den nächsten Wochen darin, im Palast herumzuspinnen, einen Unschuldigen zu erstechen, seine Geliebte in den Tod zu treiben, große Monologe zu halten, in einem Duell umzukommen. Unterdessen zieht die norwegische Armee den Belagerungsring immer dichter zusammen. Während Hamlets Sterbemonolog haben die Barbaren schließlich den innersten Palast erobert und treten in die Tür.

Der Hamletkomplex von 1968 war eine narzißtische

Größenphantasie über Schuld, Rache, unabsehbare Verantwortung, gute tote Väter, neue reine Bundesgenossen. Aus brennenden Ländern weit im Süden waren die vertriebenen Bewohner aufgebrochen zum Sturm auf die Weltstadt, ja, eigentlich standen sie schon auf den Schwellen: Nur eine Theateraufführung noch und der König wankt bleich fort, nur ein Mord an einem Unschuldigen noch (»irgendwie sind sie alle schuldig«) und die große böse Stadt bricht zusammen. Ein Schiff würde kommen.

Und noch heute sind wir in meinen politischen Angstträumen von etwas Unbestimmtem außerhalb unseres Gesichtskreises umzingelt, dem sehr weh getan worden ist und das jetzt etwas von uns fordert. Aber wir sind blind. Unsere Einsicht reicht nicht weiter als bis zu den Wänden unserer Büros, Wohnungen und Autos, und ich verachte uns im Traum dafür. So muß uns die Geisterwahrheit darüber, was längst schon eingetreten ist, in jenen unscheinbaren Zeichen heimsuchen, die nur die Träumer lesen können und auf die wir träumend, plötzlich seltsam gelähmt, mit großen, schlingernden Gesten hinweisen, bis wir erschöpft aufwachen und wieder nicht weiter sehen können als bis zur Stirnwand unseres nächtlichen Zimmers.

Wir treten dann vielleicht ans Fenster. Alles ist ruhig. Die Bäume und Parks bewegen sich im Nachtwind. Autos stehen in Seitenstraßen im Schein von Straßenlaternen. Mein Gefühl, plötzlich verrückt geworden zu sein. Die Reise beginnt.

II.

Ferienerlebnisse: sonntagsmorgens zwischen sieben und acht sind die Boulevards in Peking – zwischen den vielfenstrigen Mietshäusern aus den fünfziger Jahren, auf den weiten Grasflächen zwischen ihnen, unter den Bäumen, auf den leeren Straßen und den überfüllten Radwegen – voller Menschen, die zur Arbeit radeln, in der Morgenkühle Federball spielen, spazierengehen, Tai-Chi-Übungen machen oder (den Grund hierfür hat mir niemand erklären können) einfach in einer Art Andacht vor einem Baum stehen und ihn betrachten. Hügel aus Melonen waren an diesem Julitag alle paar hundert Meter auf den Erdboden geschüttet. Ihre Verkäufer schliefen daneben auf einem Holzkarren, oder säuberten mit einem Lappen ein paar Musterexemplare, die neben einem Preisschild und einer Waage auf dem Boden lagen.

In Parks vor buntbemalten Tempeln war es neblig. In der Gegend um einen großen See schienen die Wohnhöfe, die Lehmhäuser, die Menschen von Sümpfen bedroht. Ich blieb mit dem Fahrrad in einer Pfütze stecken und versaute mir meine neuen Turnschuhe.

Zur Straße hin geöffnete familiäre Verkaufsräume wirkten auf mich so wenig ordentlich, daß ich die ausgelegte Ware zunächst nicht von Haushaltgegenständen, Spielzeugen, Kleidern, Zeitungen und Essensresten unterscheiden konnte. Erst nach längerem Beobachten und Überlegen kam ich darauf, was hier verkauft wurde. Die räumlichen Verhältnisse waren merkwürdig ineinandergeschachtelt. Die Oberflächen der Straßen, Gegenstände und Häuser wirkten rauh, improvisiert, »geschichtlich« wie die Oberflächen selbstgebastelter Dinge.

Wir bogen dann in eine Geschäftsstraße ein, in der sich die atavistischen Hüttengeschäfte mit solchen in Steinhäusern mischten, fast schon kaufhausähnlichen mehrstöckigen Kleider-, Bücher- oder Essensmärkten, in denen nun zwischen den Waren mehr Platz war und die Oberflächen sich zusehends glätteten, auf den Standard des Westens hinarbeitend, wo die fest etablierte Unterscheidung zwischen industriell produzierten, mittels Design sich darstellenden Gegenständen einerseits, geschichtlichen und natürlichen andererseits die Ordnung hergestellt hat, in der ich mich zurechtfinde.

Entronnenheitsglück, Air-condition-Kühle, ein Bier, Pizza (das in südlichen Großstädten einzig wirklich sichere Lebensmittel), am Nebentisch tafelnde Geschäftsreisende, hübsche Kellnerinnen dann wieder in einem jener Hotelcoffeeshops. Das Fahrrad abgeschlossen auf einem Radparkplatz zusammen mit hunderten von anderen weitab von hier (zum Hotel fährt niemand mit dem Rad). Eine Art Parkschein, ein sehr dünner grüner Papierstreifen im Geldbeutel, zwischen den hellblauen American-Express-Quittungen. Und ein unerklärliches Schuldgefühl, als sei hier ein Mord nicht gerächt worden.

Dieses Schuldgefühl, jeder Tourist in den armen Ländern kennt es, ist das kleine unscheinbar-häßliche Kultbild, um das herum die marxistisch-leninistischen Kirchen und Paläste errichtet waren. Es steht unversehrt in deren Ruinen, immer noch aufgeladen mit einer Macht aus psychohistorischen Tiefen, in denen sich meine individuellen Hamlet-Urszenen nicht unterscheiden lassen von den kollektiven Erinnerungen der reichen, liberalen, transatlantischen Bourgeoisie. Wir haben etwas kaputtgemacht. In der family of man ist ein Mord passiert. Wir haben etwas überwalzt, von dem wir abstammen. In den Wohnzimmern, Salons, Hotelfoyers stehen manchmal, ein paar Zentimeter über dem Boden in der Luft, blutüberströmte unirdisch lächelnde Männer, die mit ihren Lanzen auf uns zeigen, während wir im Traum darüber nachgrübeln, in welcher Sprache wir sie anreden und ihnen jene klärende, erlösende Frage stellen könnten, deren Wortlaut wir nach dem Aufwachen vergessen haben.

Später am Nachmittag ging ich in den hallenweiten Fluren des Museums der chinesischen Geschichte und Revolution umher. Vor den ateliergroßen Fensterscheiben lagen vielfach gestaffelte Innenhöfe. Zwischen Bodenplatten wuchs Gras. Verkrautete Springbrunnenbecken lagen in der Nachmittagssonne. Gußeiserne Laternenkandelaber umstanden sie, Koniferen, Säulengalerien. Durch Drahtseile gehaltene Antennen standen auf den geschweiften Dächern, verschlungene Fassadendekorationen aus gelber Fayence zeigten sich überall. Das Gigantische mischte sich mit dem Vernachlässigten. Der diesige Spätsommerhimmel füllte die großen Scheiben fast ganz aus. Auf der anderen Seite des Gebäudes, in den Ausstellungsräumen, ging der Blick zwischen geraden kannelierten Säulen auf Fabriken in wäldergroßen Parks und weit ins Land hinaus, wo Kräne und Schornsteine standen.

In einer Vitrine lag die zwei Handspannen große Tonfigur einer Art Sirene, ein Fischmann mit Schuppenleib, flügelartigen Flossen und einem ebenmäßig geschnittenen Glatzkopf, ein großes Kunstwerk, wie mir damals schien, von dem ich drei Bleistiftzeichnungen machte, bevor ich den großen Platz überquerte, am Palast für Maos Leiche vorbei (hier haben Panzer damals Menschen unter sich zerquetscht wie Küchenschaben), zur Großen Halle des Volkes: einem verwirrend weitläufigen Komplex sandsteinerner Hallen, Säulen, Balkons, Fenster und Säle.

Die Große Halle des Volkes wurde, etwa zugleich mit dem gegenüber liegenden Museum, in der pharaonischen Rekordzeit von zwei Jahren errichtet, 1958 und 1959. Die stalinistische Kulturpolitik hat sich deshalb so konsequent auf die bürgerlichen Vorbilder aus dem neunzehnten Jahrhundert ausgerichtet, weil der Sozialismus überhaupt der vergebliche und am Ende verzweifelte Versuch gewesen ist, eine sich mit explosionsartiger Schnelligkeit komplizierende Moderne in die »vernünftige«, »demokratische«, »solidarische« Selbstreflexion des proletarischen Supersubjekts hineinzubannen. Da sollte jeder, und sei er noch so unterdrückt und arm, noch so dumm und fern vom Land, seine lokalen Interessen, seine Unwissenheit, seinen Traum herbeibringen können, er würde vom vernünftigen Zentrum aufgenommen, belehrt und verwandelt werden, wie es auf jenen bunten Ölgemälden voller lachender runder Gesichter zu sehen ist (die letzte Zeit, in der Zentralinstanzen noch so aufnahme- und anverwandlungskräftig gewesen sind, wie die kommunistischen Parteien gerne gewesen wären, ist ja das letzte Jahrhundert gewesen).

Die Große Halle des Volkes war gedacht als ein Salon für 600 Millionen Arbeiter und Bauern, als ein Ort des Gesprächs zwischen China und der Moderne. Dreifach mannshohe Leuchter, Fluchten saalgroßer Vorzimmer und Machtkorridore, fußballfeldgroße Bankettsäle, Marmor und Edelholzverkleidungen bis unter die Decken, Prachttreppen, auf denen man ganze Kompanien marschieren lassen könnte: All diese vergrößerten und vergröberten Formen der europäischen Repräsentationsarchitektur hatten die vielen tausend Abgeordneten der kleinen rauhen, »schmutzigen«, »unordentlichen«, armen und abergläubischen Welt jenseits des Platzes aufnehmen sollen, um die dort draußen herrschenden Dämonen langsam in jene Engel und Genien zu verwandeln, die die Statue der Vernunft umschweben. Doch auch wenn man nicht aus jedem der Volkszujubelfenster auf den Massakerplatz hinaussehen müßte, könnte man in der Großen Halle des Volkes überall spüren, daß dieses Verwandlungsexperiment nur zu einer entsetzlichen Kräftigung und Vermehrung der Gespenster geführt hat, die nun die Marmoraufgänge zwischen den Leuchtern auf- und abstampfen, deren Gesichter plötzlich aus den Ornamenten hervorsehen, die so zahllos wie die Zuschauer in den Dachbodengerichtssälen, in denen sich Joseph K. verantworten muß, die leere Sitzungsarena des Volkskongresses bevölkern.

Ein Aufseher fuhr mit einem Gabelstapler über das Parkett, um ein paar herumliegende Kartons vom Boden aufzuschürfen, die er mit einer Hand hätte wegtragen können. Weit unten in einem Foyer fegte ein Mädchen Schmutz und Zigarettenstummel über den Marmor. Durch die Gänge und Vorräume näherten sich Riesen und Minotauren, die eigentlichen Bewohner der Großen Halle des Volkes, die sich von den Besuchern ernährten (Könige, die nicht erbleichen können).

Schuldgefühle und Paranoia verfolgten mich während der anschließenden Fahrradflucht um den Platz des Himmlischen Friedens. Freilich hätte ich stehenbleiben oder umkehren sollen, die blutverkrusteten Phantome zu trösten, mit den Gespenstern zu argumentieren, den Herrschern der Unterwelt ins Gewissen zu reden, mich mit einem großen Monolog zu rechtfertigen. Aber ich brauchte jetzt die Wirklichkeit eines Hotelcoffeeshops, einen Campari Soda, das Lächeln einer der Kellnerinnen. »K. lachte die Tür an. ›Ihr Lumpen‹, rief er, ›ich schenke euch alle Verhöre‹, öffnete die Tür und eilte die Treppe hinunter. Hinter ihm erhob sich der Lärm der wieder lebendig gewordenen Versammlung, welche die Vorgänge wahrscheinlich nach Art von Studierenden zu besprechen begann.«

III.

»Man spürte im Publiko die größte Wirkung. Der Geist winkte, der Prinz folgte ihm unter dem lautesten Beifall.

Das Theater verwandelte sich und als sie auf den entfernten Platz kamen, hielt der Geist unvermutet inne und wandte sich um; dadurch kam ihm Hamlet etwas zu nahe zu stehen. Mit Verlangen und Neugierde sah Wilhelm sogleich zwischen das niedergelassene Visier hinein, konnte aber nur tiefliegende Augen neben einer wohlgebildeten Nase erblicken. Furchtsam ausspähend stand er vor ihm; allein als die ersten Töne aus dem Helme hervordrangen, als eine wohlklingende, nur ein wenig rauhe Stimme sich in den Worten hören ließ: Ich bin der Geist deines Vaters, trat Wilhelm einige Schritte schaudernd zurück, und das ganze Publikum schauderte. Die Stimme schien jedermann bekannt, und Wilhelm glaubte eine Ähnlichkeit mit der Stimme seines Vaters zu bemerken. Diese wunderbaren Empfindungen und Erinnerungen, die Neugierde, den seltsamen Freund zu entdecken, und die Sorge, ihn zu beleidigen, selbst die Unschicklichkeit, ihm als Schauspieler in dieser Situation zu nahe zu treten, bewegten Wilhelmen nach entgegengesetzten Seiten. Er veränderte während der langen Erzählung des Geistes seine Stellung so oft, schien so unbestimmt und verlegen, so aufmerksam und so zerstreut, daß sein Spiel eine allgemeine Bewunderung, so wie der Geist ein allgemeines Entsetzen erregte. Dieser sprach mehr mit einem tiefen Gefühle des Verdrusses als des Kummers, aber eines geistigen, langsamen und unübersehlichen Verdrusses. Es war der Mißmut einer großen Seele, die von allem Irdischen getrennt ist und doch unendlichen Leiden unterliegt. Zuletzt versank der Geist, aber auf eine sonderbare Art: denn ein leichter, grauer, durchsichtiger Flor, der wie ein Dampf aus der Versenkung zu steigen schien, legte sich über ihn weg und zog ihn mit ihm hinunter.

Nun kamen Hamlets Freunde zurück und schwuren auf das Schwert. Da war der alte Maulwurf so geschäftig unter der Erde, daß er ihnen, wo sie auch stehen mochten, immer unter den Füßen rief: Schwört! und sie, als ob der Boden unter ihnen brennte, schnell von einem Ort zum andern eilten. Auch erschien da, wo sie standen, jedesmal eine kleine Flamme aus dem Boden, vermehrte die Wirkung und hinterließ bei allen Zuschauern den tiefsten Eindruck.

Nun ging das Stück unaufhaltsam seinen Gang fort, nichts mißglückte, alles geriet; das Publikum zeigte seine Zufriedenheit; die Lust und der Mut der Schauspieler schien mit jeder Szene zuzunehmen.«

Die dritte Welt

Im Morgengrauen kann ich in Tokyo durchs offene Fenster – um mich in jede Richtung fünfzig Kilometer Stadt und Nebenstädte – einen Hahn krähen hören. Er lebt in einem Hinterhof einer vielleicht vierzig Haushalte starken Hüttensiedlung unterhalb der Anhöhe, auf der unser Haus steht. Die Firste der ältesten, noch einstöckigen und ganz hölzernen Gebäude dort unten sind nicht viel höher als hier oben ein Bücherregal. Dies sind die urtümlichsten Behausungen in der Siedlung, aus den zwanziger oder dreißiger Jahren, zusammengefügt aus dünnen, graubraun verwitterten Planken und Pfosten, die Dächer mit Blech beschlagen. Dieser ursprüngliche Bautyp ist Grundlage und Ausgangspunkt verschiedener Modernisierungen gewesen: wahrscheinlich in den vierziger Jahren hat man die Holzplanken erst durch Wellblech ersetzt, später durch gewellte Hartplastikplatten, in der Gegenwart schließlich durch braunes Plastikmaterial mit Holzmaserung, das sich, den Bedürfnissen der fortlaufenden Umbauten folgend, in die verwinkeltsten Formen zurechtfräsen läßt. Besonders beliebt ist ein flüssiger Fertigverputz, der auf Außenwände, aber auch auf Rohre und Elektroleitungen aufgespritzt wird.

Auf den Dächern balancieren Pavillons, Galerien und Terrassen von der Größe jeweils eines größeren Eßzimmertischs. Umbauten, Annexe, Aufstockungen haben die räumlichen Verhältnisse ins Unüberschaubare kompliziert. Überall jedoch ist die Basis der Gebäude unter den angeklebten, aufgespritzten, angenagelten Modernisierungssubstanzen jene klassische Holzhütte in den Ausmaßen eines Geräteschuppens oder einer Garage, die bei Europäern Assoziationen an Favelas, Shantytowns, Hoovervilles, Pennerhütten unter Eisenbahnbrücken aufruft (Erinnerungen an den Rest der Welt).

»Zwei Blöcke mit je zwei Räumen, ein Raum hinter dem anderen. Zwischen diesen Blöcken ein Flur, mit Fußboden und Dach, vorne und hinten weit offen: so daß diese Blöcke zwei rechteckige, miteinander verbundene Boote sind, oder zwei schwimmende Behälter, oder Särge, jeder durch eine Innenwand in zwei rechtwinklige Kammern unterteilt. Das Dach fällt vorne und hinten ziemlich steil ab, seine aneinandergenagelten Flächen treffen in einem scharfen Winkel aufeinander. Der Boden ist dicht bei der Erde. Zur Linken des Flurs zwei Räume, jeder ein exaktes Quadrat. Zur Rechten ein quadratisches Vorzimmer, und, später dahinter gebaut, die äußere Verschalung als Vorderwand einbeziehend, eine angebaute, halb so große Küche mit Pultdach.«

So hat James Agee, in seinem katholisch-sozialistischen Klassiker der Armutsreportage »Let Us Now Praise Famous Men«, die Grundstruktur des Hauses armer Pächter in den südlichen USA während der Zeit der großen Krise beschrieben. »Zwei Blöcke« im Alabama der dreißiger Jahre – aber heute in Tokyo gibt es nur einen einzigen, manchmal in einem zweiten Stockwerk verdoppelten Grundraum, von dem Schlafalkoven, Kochnische und Waschecke durch leichte, nachträglich eingebaute Wände abgetrennt sind. »Zur Linken des Flurs« – in der Tokyoter Siedlung tritt man aus einer drei Schritt weiten Vornische zum Ablegen des Schuhwerks direkt in den etwas erhöhten Wohn-, das heißt bei Nacht: Schlafraum (die Futon-Matten liegen aufgerollt im Schrank). »Der Boden ist dicht bei der Erde«, – dort unter der Anhöhe, auf der wir wohnen, sind Hüttenboden und dünn betonierte Erde überall dort ein und dasselbe, wo nicht geschlafen (das heißt: tags gewohnt) wird, in all den Anbauten, Hinterräumen, Nebennischen, Abtritten also, deren Funktionen (Waschen, Arbeiten, Kochen, Verkaufen) sich erst seit der Ankunft der Autos von der Straße oder dem Raum unter dem vorkragenden Dach ins Innere der Hütten zurückziehen mußten.

Aber heute noch drängen die Haushalte überall ins Freie, auf die fußbreiten Betonsockel, auf die Balkons, Terrassen und Balustraden hinaus. Weil dort überall Dinge liegen und stehen, die bei uns ins Haus gehören würden, alles nämlich, was nicht regenempfindlich ist oder mit einer Plane abgedeckt werden kann, Plastikhausrat also, Eimer, Bottiche, Wannen, Schüsseln, Sperrmüll, Pflanzen, größere Elektrogeräte wie Kühltruhen, Klimaanlagen, Boiler; indem all dies draußen bleibt und dazu alle Hütten bei sonnigem Wetter mit trocknender Wäsche, lüftenden Futons und Kleidern von oben bis unten gleichsam beflaggt sind, ist ein Durcheinander von Innen und Außen entstanden, wie wir es als Kinder vielleicht, zur Verzweiflung unserer Mütter, an schönen Sommertagen zwischen Haus, Terrasse und Garten angerichtet haben (noch heute passiert es mir, daß ich, wenn es im Sommer nachts zu regnen beginnt, aufwache und mich im Halbschlaf einen Moment lang frage, ob nicht Spielsachen im Garten liegengelassen habe). Wem die Differenzierung der Flächen, Materialien, Funktionen und Lebensbereiche, die man den »Zivilisationsprozeß« nennt, derart ins Unterbewußtsein eingesenkt worden ist, in dem löst die japanische Anordnung der Dinge Fassungslosigkeit aus, Grausen beim ersten Eindruck, Wochen später Mitleid, nach Monaten Amüsement und schließlich (ich bin jetzt schon über ein Jahr hier) eine Art Befreiungsgefühl. Ein Aufatmen: so geht's doch auch.

»Erst später lernte er, den Kinderkram nicht nur zu dulden, sondern überdies, so gedankenlos, oder sogar verächtlich verstreut auch alles erscheinen mochte, die Ordnung in der Unordnung zu erkennen und sich darin, wie das Kind, zuhause zu fühlen (es brauchte nur einen freien Moment und ein entschlossenes Hinblicken und das harmonische Muster entfaltete sich in dem gräßlichsten Wirrwarr). Zunächst aber wurde er ergriffen von Ordnungswut, die eher ein Gefuchtel in der Luftleere war, empfand dabei eine bösartige Verdummung, und weil ihm sonst fast niemand mehr unter die Augen kam, beschuldigte er dafür in der Dummheit das Kind.« (Peter Handke)

Es ist das die Dummheit der Ordnungsliebe. Sie hat mich in Japan, wie schon zuvor in Indien, oft gepackt als ein wirkliches Entsetzen, das auch ein Erschrecken über mich selbst gewesen ist (wieviel Leid bereitet es einem Westkind, jene Standards zu verinnerlichen). In den armen Ländern außerhalb Europas hindert diese Dummheit oft an einer realistischen Einschätzung der sozialen Verhältnisse; die Bewohner dort scheinen ihr oft ärmer, als sie wirklich sind. In Japan erschwert sie die Einfühlung in eine Moderne, in der dörfliche Lebenswelten direkt an die avancierteste Technik angeschlossen worden sind – ohne den Umweg über Verbürgerlichung und Proletarisierung zu nehmen, der Alteuropa entstehen ließ. Daß man durch diese Technik hindurch (an ihr vorbei) in Lebenswelten hineinschauen kann, die viel älter sind als das letzte Jahrhundert, das dem Westen meist als nostalgisches Sehnsuchtsbild dient, macht Japans grauenhafte Aspekte aus. Es eröffnet zugleich aber die Perspektiven ins Glück, die sich hier überall auftun.

★

Die Siedlung unter unserem Haus ist an der dem Hügel zugewandten Seite durch einen Spielplatz begrenzt, einen fünf mal dreißig Meter messenden Streifen, auf den gerade noch eine Reihe Häuser gepaßt hätte. Dort stehen Klettergerüste, Schaukeln, Bänke und eine aus den fünfziger Jahren stammende Normaluhr auf einem Metallpfahl. Am Samstag- und Sonntagmorgen im frühen Winter, wenn ich auf der dorthin hinabführenden Hügelgasse stehe, auf den Spielplatz hinuntersehe und Notizen für diesen Aufsatz mache, spielt ein Mann im wattierten Schlafanzug und Plastikschlappen Fußball mit seinem zweijährigen Sohn, der den Ball nach gewaltigem Anlauf, wenn er ihn einmal trifft, nirgendwohin als unter das Karussell in der Spielplatzmitte oder sonst in eine unzugängliche Ecke tritt, von wo ihn der Vater ohne Ungeduld hervorklaubt, vor sich hinlegt und dem Kind wieder zuspielt. Eine alte Frau hat ihr Enkelkind auf eine

Schaukel gesetzt und bringt ihm bei, wie man die Beine bewegen muß, damit das Brett in Schwung kommt. »Gambatte näe« sagt sie dazu und mir fällt ein, wie das auf schwäbisch hieße: »Dapferle, dapferle«, hätte meine Großmutter vielleicht gesagt.

Das Schönste an diesem Spielplatz jedoch ist ein kleines Fußballareal, romantisch urban durch einen hohen Maschendrahtzaun abgegrenzt (Erinnerungen an die Bronx, auf der Fahrt durch New York von einer Hochbahn aus gesehen, an einen Flirt durch einen solchen Zaun hindurch in Scorseses »Raging Bull«, an meinen Bolzplatz im Stuttgarter Süden). Zehn Jungs im Vorschulalter toben sich an einem Plastikfußball aus, ich möchte hinunterrennen (bei jedem Schritt kleiner und jünger werdend) und mitkicken. Zwei ältere Schuljungen, auch am Wochenende in Uniform, sitzen im Gespräch auf einer Bank, einer hat ein Bein hochgezogen und die Hacke auf die Kante der Sitzfläche gestützt. Sie sprechen ernst und merkwürdig mädchenhaft miteinander. Hausfrauen mit kleinen Schalen in der Hand überschreiten den bettvorlegerbreiten Gang zwischen den Häusern und treten bei der Nachbarin ein, wo sich das erstaunt-singende Begrüßungs- und Entschuldigungsritual entspinnt.

Was habe ich hier eigentlich zu suchen? Wenn ich, wie es in der U-Bahn, bei der Arbeit, in einem Restaurant oft geschieht, einen Dialog zwischen zwei Japanern beobachte, scheinen mir die Gesprächspartner mit dem unermüdlichen Vollzug zweier Sinngesten beschäftigt (für mich, der ich ihre Sprache nur ganz rudimentär verstehe, scheint es, als gehe weniger Verständigung als die zivilisatorische Pflege dieser Gebärden zwischen ihnen vor sich). Die eher eröffnende, das Gespräch in Gang bringende kann eine Frage so gut wie eine Feststellung sein; ihr Sinn im Zivilisationsspiel, ablesbar an der Veränderung der sie begleitenden Mienen, liegt darin, daß sie einen zuvor ruhig und ringsum sichtbaren Selbstverständlichkeitshorizont gleichsam spielerisch einen Moment lang hinter einer Fraglichkeit versteckt. Das angesprochene Gegenüber wird dann vielleicht die Augenbrauen heben, er oder sie könnte lächeln oder lachen, problematisierend den Kopf schief legen, die Luft durch die Zähne einziehen – jedenfalls ist nun eine gerade noch glatt zwischen den beiden daliegende Fraglosigkeitsoberfläche gleichsam gekräuselt, wenn auch noch lange nicht zerrissen.

Freilich muß nun etwas geschehen, und es geschieht: die zweite Geste entfaltet sich an der entstandenen potentiellen Einbruchstelle einer Fraglichkeit und holt deren Anlaß durch ein Verständigungsverfahren, dessen Wortlaut ich nicht verstehe, dessen mimische Wirkungen mir jedoch unmittelbar zugänglich sind, wieder in jenen Horizont ein, der spätestens dann wieder störungsfrei sich geschlossen hat, wenn die auch mir verständlichen Abschlußfloskeln eines solchen Gesprächsbausteins ertönen, begleitet von einverständig-beruhigtem Kopfnicken darüber, daß dann ja alles wieder in Ordnung sei, Floskeln, die etwa lauten: »Ach so ist das!« oder »Ja, so ist es, nicht wahr?«

Für einen Physiognomiker gleicht eine Unterhaltung zwischen Japanern jenem Gesichterversteckspiel, wie es Kinder lieben (mit dem sie, wie Piaget es genannt hat, ihr sich entwickelndes Gefühl für »Permanenzen« üben und genießen). Das wiederauftauchende Gesicht der Mutter ist auch in den Momenten, als das Kind sie nicht sah, als das Weinen schon aufsteigen wollte, hinter dem Vorhang noch dagewesen, und jetzt taucht es (»da« ist die umgangssprachliche Form der Kopula im Japanischen) wieder auf: macht alles gut und läßt die Unsicherheit im Lachen untergehen. Der andeutende Entzug des Selbstverständlichkeitshorizonts und seine gemeinsame, die sozialen Bande stärkende Wiederherstellung, diese beiden Grundgesten der japanischen Verständigung sind die kleinste Einheit einer virtuosen vielstimmigen Daueranstrengung, in der die Permanenz des gesellschaftlich Selbstverständlichen hierzulande unentwegt eingeübt und verteidigt wird.

Auf dem Hügelsträßchen über der Siedlung unter unserem Haus stehend, glaube ich oft hineinzusehen in eine Stadtlandschaft der Fraglosigkeit: der Mann im Schlafrock, der aufs Dach seiner Hütte gestiegen ist, um die Blumentöpfe dort oben zu begutachten und zu gießen; die neunzehnjährige Dorfschönheit, die ihren Auftritt auf dem Weg zum nahen Supermarkt genießt; der Vater, der den einzig als Straße zu bezeichnenden Asphaltweg in der Mitte der Siedlung mit seinem schaumbedeckten Auto blockiert hat, sein kleiner Sohn, der ihm beim Waschen hilft, sieht von mir zu seinem Vater, fragt »Was macht der hier?«, und der Vater antwortet nicht. Sogar die Gesichter der Menschen hier ruhen in einer Selbstverständlichkeit, die sich in den hinter Autobahnen und Geschäftsvierteln versteckten Dörfern stets zu erneuern scheint. Sie mögen nach der Arbeit erschöpft aussehen. Aber ihre Physiognomien sind nicht, wie die so vieler Europäer, habituell gezeichnet von Zweifel, Beklemmung, Traurigkeit über das unwiderrufliche Verstecktsein der Selbstverständlichkeitsressource. Was mache ich hier?

Es ist ein für die westliche Philosophie entscheidendes Motiv, idealisierte Zustände der Fraglosigkeit (das »All-Eine« der platonischen Tradition, den »sich selbst wissenden Geist« Hegels, Marx' »Gesetzt wir hätten als Menschen produziert«, Habermas' »rationalisierte Lebenswelt«) so weit zu abstrahieren und zu differenzieren, daß ihr »normativer Gehalt« verbindlich werden könnte für die Globalgesellschaft, auf die sich die Moderne hinbewegt. Aber eine Moderne der Zukunft, die sich auf chinesische, koreanische, philippinische, indonesische (vielleicht auch indische, russische, nigerianische) Dörfer wie mein japanisches hier aufbauen könnte, wird vielleicht ohne die global rationalisierten Selbstverständlichkeiten Europas auskommen wollen und es sich an den vielen lokalen Selbstverständlichkeiten genügen lassen. Allein noch technische Normen, nicht mehr die der Weltvernunft, würden für den Anschluß an andere Gegenden sorgen. Es würde keine Hauptstraßen mehr geben, die man zu wählen hätte und auf denen beim Näherkommen das Gute oder das Böse sichtbar würde. Auf den Wegen um die Siedlung unter unserem Apartmentblock spiele ich mit dem schwer erträglichen Gedanken, daß meine Vernunftmaßstäbe so zufällig sein könnten wie mein Begriff von Ordnung – der wie alle westlichen Vorstellungen von Schönheit, Politik, Wahrheit, Strategie, Städtebaukunst ausgeht von einem wichtigen Faktor auf dem jeweiligen Gebiet einerseits (der angegriffen oder stark gemacht werden muß) und von unmaßgeblichen, unwesentlichen, zufälligen Elementen andererseits, die es zu ignorieren, aufzuräumen, wegzuwerfen gilt.

Vielleicht ist die Ästhetik der Siedlung in Moto-Azabu 2-chome 5 das Modell eines Formempfindens, dem jeder Faktor so wichtig wäre wie der maßgebliche, ein Formempfinden, das nicht monotheistisch sondern shintoistisch fühlt, in dem es so viele Wahrheiten wie Dörfer gäbe, eine dritte Welt jenseits von Gut und Böse. In Europa war das Dorf ein Sehnsuchtsbild und zugleich ein tragischer Ort, weil dort die Moderne noch nicht vollständig angekommen war. Aber die Hunderttausende japanischer Dörfer, aus denen Tokyo besteht, die technisierten Favelas von Seoul, Taipeh, Hongkong, bald wohl auch von Shanghai und Peking, beweisen, daß das tragisch und romantisch an der Moderne scheiternde Dorf ein Sonderfall gewesen ist oder vielleicht auch nur ein Bürgertraum; daß es vielmehr gerade die bürgerlichen Selbstverständlichkeiten sind, die in einer radikalisierten Moderne nicht mehr fraglos sein können. Sie sind den Erfordernissen einer entfesselten Produktivität bestimmt hinderlicher als die Tugenden des Weltdorfs, das von Freiheit, Gleichheit und Brüderlichkeit noch nichts gehört oder dergleichen für kolonialistische Rechtfertigungsideologien zu halten gelernt hat – im Gegensatz zu den Qualifikationen, die es fürs Dorfleben in Tokyo braucht und die zu Universalien eines zukünftigen Weltwirtschaftswunders werden könnten: Zähigkeit, Gruppenloyalität, Skrupellosigkeit, Realismus, Höflichkeit, Schlauheit, Verzicht auf Individuation, auf Platz und Freizeit.

★

An einem Sonntagnachmittag mit vorfrühlingshaft warmem Dezemberwetter bin ich, das Notizbuch verwahrt in einer botanisiertrommelartig über der Schulter getragenen Segeltuchtasche, in Shirogane in der Gegend um den Shuto-Expressway Nr. 2 unterwegs. Das Viertel ist unter einer der Tokyoter Stadtautobahnen gelegen, die vor den Olympischen Spielen 1964, in Ermangelung rechtlicher Möglichkeiten zur Enteignung der dörflichen Grundeigentümer, auf Stahlbetonstelzen über Kanäle und Landstraßen hinweggebaut worden sind. Hier unten ist eine apokalyptische Schattenlandschaft entstanden, in der es vom vielbefahrenen Highway her unaufhörlich rhythmisch donnert. Allerlei Sperrmüll liegt und treibt in Kanalschächten, über die rotgestrichene Fußgängerbrücken wegführen. Die meisten Holzhütten sind hier durch Betonbauten ersetzt. Die Straßen wirken wie ein ausgedehntes, verwinkeltes, dabei bewohntes Fabrikgelände.

Elektrifizierung plus Sowjetmacht ist der Kommunismus gewesen, eine Entwicklungsdiktatur, die unter anderem deshalb gescheitert ist, weil sie die zahllosen Fraglosigkeiten des Weltdorfs zerschlagen und durch eine terroristische Form europäischer Zentralität ersetzt hat. Computerisierung plus dörfliche Lebenswelt andererseits hat die zu Slums vorbestimmten Gebiete unter den Hochautobahnen Tokyos zu einem Industriegebiet gemacht, das zum Vorbild für andere Weltgegenden werden konnte, weil Technik, Arbeitsmoral, Konsumentenansprüche, Konsumentenselbstbewußtsein hier direkt aus der Geborgenheit, dem Terror des Dorfes herausgetreten sind.

In und vor einigen der Hütten (die ich, vielleicht der ursprünglichen Favela noch ein wenig näher, auch in Seoul und Taipeh gesehen habe) ist heute, am Sonntag, nachmittags um drei, voller Arbeitsbetrieb. Stahlbleche mit Bohrlöchern werden auf dem Bürgersteig geschmirgelt und in einer garagengroßen, zur Straße hin offenen Werkstatt spritzlackiert (die Männer tragen keine Atemmasken). In einem der für Autos reservierten, wandlosen und nur aus den Tragepfeilern bestehenden Erdgeschosse steht neben dem Familienkleinwagen ein mannshoher Miniaturbagger der Firma Komatsu, wie sie hier für Straßenarbeiten in schmalen Gassen verwendet werden. Anderswo ruht die Wohnhütte auf noch höheren Stelzen, darunter sind Lieferwägen und ein fahrbarer Kran geparkt, dessen Arm so weit abgesenkt werden kann, daß cr ganz darunterpaßt.

Eine ehemalige Ladenwerkstatt ist ganz ausgefüllt von einer fabrikneuen Blechstanzmaschine, die bei offener Tür vollautomatisch vor sich hinarbeitet. Aus einem Hinterhof ragt ein zwanzig Meter hoher Schornstein. Es riecht nach Öl, Metallstaub, Lack, Rauch. Die Firmen hier produzieren in einem Abhängigkeitsverhältnis, das in Europa zu Beginn des neunzehnten Jahrhunderts blühte, im Verlagssystem, für große Konzerne, die den Hinterhoffabriken Maschinen und Material stellen und die fertigen Einzelteile dann, durch eine von Computern gesteuerte Verwaltung mithilfe ihrer Lastwagenflotte auf die Stunde genau aus solchen Werkstätten im ganzen Land einsammeln und anderswo weiterverarbeiten lassen (die Industrialisierung des Dorfs ermöglicht den Konzernen eine weitgehende Abschaffung der Lagerbestände, die bei der dezentralisierten »just-in-time-production« auf die Straße verlegt worden sind).

★

Eine merkwürdige Euphorie hat mich erfaßt, wie immer, wenn ich hierherkomme. Ich denke darüber nach, daß eine in Slums wohnende Generation junger indischer Universitätsabsolventen ihr Land inzwischen zum drittgrößten Software-Exporteur der Welt gemacht hat. Ich überlege mir, in welchem der vielen kleinen Cafes der Gegend ich nachher einkehren und mir Notizen machen könnte. Die Sonne scheint. Der seltsam vorfrühlingshafte Winterwind weht. Der Kanal stinkt. Es ist das »Kreuzberger Gefühl«, das man also auch in Japan haben kann. Die Zonen, wo das Weltdorf sich in die Weltstadt hineinschiebt, sind erfüllt von Residuen apokalyptischer Erfahrung. Hier scheint sich, wie in Berlin SO 36 zu Beginn des letzten Jahrzehnts, das Undenkbare ereignen, alles, alles sich wenden zu können.

»An einem Sommerabend in jenem Viertel unserer Stadt spazierenzugehen, von dem noch nicht zu sagen ist, ob es zum Slum verfällt, das untergehende Babylon. Oder ob es der Quellort der Zukunft ist, das neue Jerusalem.« (Michael Rutschky)

James Agee beschrieb die Hütten der dreißiger Jahre als Särge, in denen die hier lebendig Begrabenen der

Auferstehung harren. Für Agee war das Dorf eine Hölle, deren Verwandlung ins Paradies er durchs Martyrium seiner skrupulösen Beschreibungen, durch die Verwandlung seiner Leser aus einem gleichgültigen Illustriertenpublikum in eine mitfühlende Gemeinde von Weltbrüdern und -schwestern erzwingen wollte. Aber Agees chiliastischer Raptus, sein Gestus des Klassenverrats, sein enthusiastisches Schuldgefühl, seine Erwartung des Endes und der Auferstehung sind Nachklang einer Zeit, die die Vereinigung der Proletarier aller Länder zum letzten Gefecht sich erträumte. Das Weltdorf heute (zumindest im »Pacific Rim«) scheint weder Himmel noch Hölle. Es verkörpert eine dritte Welt jenseits unseres Gut und unseres Böse und scheint an der Erlösung durch uns nicht sonderlich interessiert.

★

Es wird jetzt schon früh dunkel. In der kurzen japanischen Dämmerung habe ich mich, mit einem Dosenbier aus dem jukeboxartig leuchtenden Automaten an der Ecke, auf die Stufen eines kleinen Tempels gesetzt. Ich denke darüber nach, ob Peking, Calcutta und Nairobi, ob das gesamte Weltdorf einmal elektronisch industrialisiert sein und ob es dann aussehen wird wie Tokyo. Schöner wären diese Städte dann vermutlich nicht. Aber man könnte abends biertrinkend auf den Treppenstufen eines kleinen Tempels sitzen, in die frühe Nacht hinausschauen und sich wundern, wie poetisch und fremd alles ist, statt daß einen Gespenster, Bettler und Straßenräuber gleich in den nächsten Hotelcoffeeshop jagen.

Links von den Tempeltreppen stehen zwei Holzhäuser, umgeben von allerlei Stangen, Drähten, Kartons und Schachteln. Durch offene Schiebefenster kann ich den Ausschnitt eines Interieurs im Neonlicht betrachten, einen Strohmattenfußboden, auf dem leere Eßschalen stehen, Schmutzwäsche herumliegt, halbaufgerolltes Bettzeug. Eine Schiebetür öffnet sich, und die Tochter des Hauses steigt in vor der Tür stehende hochhackige Schuhe, die zu ihrem Kleid passen, öffnet die Tür eines Mercedes-Sportcoupés, das so lang ist wie die Frontseite des Hauses, betrachtet sich kurz im Rückspiegel und fährt davon. Ein wenig von ihrem Parfüm und viel von den Abgasen ihres Autos bleibt in der Nachtluft zurück.

Die Sorge des Hausvaters

Siehe, so will ich all dein Gebiet mit Fröschen plagen, daß der Strom soll von Fröschen wimmeln; die sollen heraufkriechen und kommen in dein Haus, in deine Schlafkammer, auf dein Bett, auch in die Häuser deiner Knechte, unter dein Volk, in deine Backöfen und in deine Teige; und die Frösche sollen auf dich und auf dein Volk und auf alle deine Knechte kriechen.

2. Mose 7, 27–29

Der Platz vor dem Bahnhof Shibuya, im Osten der Tokyoter Innenstadt, ist eine annähernd quadratische Senke. An ihrer Stirnseite steht das von Verkehrswegen und Anbauten ganz zugewucherte Bahnhofsgebäude. Seine Dachkonstruktion aus Stahlbögen erinnert von fern an die Einfahrtshallen und Ankunftspaläste in Frankfurt, Leipzig, Zürich. Die Bahnsteige und Schalterhallen liegen im Innern eines Kaufhauses. Die japanischen Eisenbahnlinien sind seit den zwanziger Jahren von denselben Konzernen gegründet und betrieben worden, die auch die städtischen Einkaufszentren und die dazugehörigen Wohnsiedlungen auf dem Land bauten. Direkt vom Bahnsteig aus kann man sich in Auslagen von Büchern und Damenunterwäsche hineinverirren. Die kürzeste Verbindung zwischen zwei Linien ist eine Lebensmittelabteilung. Auf den Gebäudekomplex hin führen zu seiten des Platzquadrats zwei parallele, wohl dreißig

Meter hoch durch die Luft geführte Verkehrslinien: auf der einen Seite eine Hochbahn, die direkt in die Fassade des Bahnhofskaufhauses hineinfährt, auf der gegenüberliegenden ein zweispuriger Motorway.

Besonders bei der Einfahrt auf der Hochbahn hat die Senke von Shibuya etwas großartig Landschaftliches. Eine Herde grünweißer Busse parkt in der Mitte. Silberfarbene Hochbahnzüge verschwinden im Kaufhaus und fahren aus ihm hervor. Kerbtierhaft gleiten bunte Autos die Fahrbahn entlang. Hochhäuser, durch wuchernden Leuchtreklamenbefall konturlos und undeutlich geworden, umstehen den Platz, Gebäude, die meine Bildphantasie in formlos sich buckelnde Mammuts umarbeitet, überwachsen vom Moos der Schriftzeichen, Drähte, Glühbirnen, Stützstangen.

★

Im Sommer vor allem, in der feuchten Hitze des Abends, ist hier beim Spazierengehen ein Eindruck des Lagunenhaften, Vegetabilen unabweisbar. Die Straße vor der Hatchiko-Seite des Bahnhofs besteht eigentlich nur aus einer hundert Meter weiten Kreuzung, in die fünf Straßen und der Ausgang der Bahnsteighalle münden. Die Menge, die alle anderthalb Minuten in alle Richtungen seitlich und quer über diese Kreuzung geht, zuzeiten wohl zweitausend Menschen, löst beim Näherkommen ein schwer erklärbares Grauen aus; wenn man sie zum erstenmal sieht, stöhnt man unwillkürlich auf und sagt »O Gott« oder etwas Ähnliches. Wird man dann selbst Teil der Masse am Straßenrand, bilden die elektrischen Neonbilder, die Kinoreklamen, erleuchteten Fenster, hoch- und niederfahrenden Außenfahrstühle, die Spiegel, Bildschirme, Projektionsflächen rings um einen eine Flucht von Kulissen, Vorhängen, Theaterfassaden, die den Häusern und Straßen eine träumerische Tiefenperspektive geben. Hoch oben, man muß den Kopf zurücklegen, um ihn zu sehen, steht der Abendhimmel über dem Bilderschacht.

Die fassadengroßen Fernsehschirme zeigen Werbespots, Aufzeichnungen von Popkonzerten, Autorennen, Sportveranstaltungen. Besonders beliebt sind Modeschauen. Aus verschiedenen Richtungen schreiten riesenhafte Frauenbilder sekundenlang auf einen zu und wieder in die Kulissen hinein. Die Anmutung vegetabilischer Massenbildung, Vorstellungen des nicht kontrollierbaren Wimmelns, des Wucherns und Sich-ins-Land-Fressens, die durch die elektronische Fragmentierung des Schönen (der Schönen) überall um mich entstanden ist, verbindet sich mit der unheimlichen und euphorisierenden Wirkung einer großen Menschenmenge: als werde hier gleich etwas Überwältigendes auftreten (»Start me up«, Sommer 1990, Waldstadion: »O Gott, da steht ja der leibhaftige Keith Richards im von ihm selbst gerade jetzt erzeugten Donner!«).

Das Gefühl des Überwältigenden im abendlichen Shibuya, so sehr es an die Stimmung bei einem großen Popkonzert erinnert, geht freilich nicht von einem zentralen Brennpunkt aus. Die Eindrücklichkeitsmomente hier sind so verstreut, so zahllos, so wenig autoritativ, so unkoordiniert und taumelnd (sie sind so schlingpflanzenhaft) wie die Leichen in einem Zombiefilm von

George A. Romero, für dessen digitalisiertes Remake hoch oben an einem der Häuser vor mir in blutrünstigen Plakatfarben geworben wird. So viele Lichter, Bilder, Augen, Frisuren, Anzüge, Busen, Schmuckstücke, Beine, so viele Bilder von alledem werden für so kurze Zeit bei jedem Blick in jede Richtung sichtbar und verschwinden wieder, daß ihre Zahl unbegreiflich geworden ist wie die der Grashalme, der Sterne, der Toten, der Spermien, des Geldes, der Sandkörner, der Köpfe der Hydra, der Gesteinsformen einer Inselküste (das Natürliche ist das Unzählbare).

★

Die Geilheit unbeschränkter, überwältigender Hervorbringungskraft, die auf der Kreuzung von Shibuya als reproduktionstechnischer Bildorkan inszeniert ist, hat ein paar Schritte weiter hinein in die Vergnügungsgassen plastische Denkmale gefunden in Gestalt der Wachs- und Kunststoffmodelle verschiedener Gerichte aus meist rohen Meeresfrüchten, die es hier in den Auslagen der engen, verrauchten Holzhütten-Restaurants zu betrachten gibt. Auf großen Platten sind scheiterhaufenartige, phallisch steile Lebensmittelaufgipfelungen errichtet, aufgebrochene Krebse, rohe Thunfischstücke, Lauchstangen, Muscheln, eßbare Blumen, Seetang, Fischköpfe, Tintenfischstreifen, Fischeier. In einem Plastikbottich schwimmen Aale durcheinander, in einem Aquarium grünliche Schildkröten, die mit ihren schlangenhaften Hälsen an der Wasseroberfläche nach Luft schnappen. Gespießte Krebse liegen auf einem Holzkohlengrill. In diese Eßhütten geht man nie allein oder zu zweit; man ergießt und drängt sich als Gruppe in sie, ich nie anders als mit dem ängstlich-lustvollen Vorgefühl einer Art Auflösung, die mich zuviel reden, rauchen, trinken und flirten lassen wird, unter deren Einfluß ich kaum etwas essen und anderntags Kopfschmerzen haben werde (die Stimme weg und der Schlund rauh von einer Schachtel Marlboro und dem Verständigungsgeschrei, die Kleider stinken nach Bratenfett, Schweiß und Zigarettenrauch). Es gibt hier eigentlich keine abgegrenzten Gerichte, die man für sich verzehrt. Eher wird die Gruppe versorgt als die Einzelnen, mit einer Folge gemeinschaftlicher Schüsseln, aus denen sich jeder mit seinen Stäbchen bedient, dabei sorgsam den Bier- oder Sakestand im Gläschen der Sitznachbarn beobachtend, denen nicht stets nachzuschenken (oder gar nur sich selbst zu bedienen) als unhöflich gilt.

Das Mahl besteht nicht aus Speisen, von denen man satt wird (worauf man sich anderen Dingen als dem Essen zuwenden könnte), sondern aus einer abendfüllenden Reihe solcher, über die man uns, als wir Kinder waren, gesagt haben könnte, daß sie »stark machen«: gelee-royal-artige, fruchtbarkeitssymbolische, oft angeblich potenzsteigernde Naturessenzen – jene rohen Fische also, »Bergkräuter«, Brühen, das Innere aufzubrechender Amphibienpanzer, noch halb lebende Wassertiere, Wurzeln, kandierte Heuschrecken, magisch-makrobiotische Leckereien, mit denen man die innere Substanz des Landes und des Meers in sich aufzunehmen scheint. Diese Art des Essens (das meist erst gegen Schluß durch eine Portion Reis ergänzt wird) sowie das einen Abend lang bedingungslose Verfallensein an die Gruppe, in der allein solche Gelage möglich sind, gibt mir am nächsten Morgen oft das Gefühl, weniger an einer Mahlzeit beteiligt gewesen zu sein als an einem mir nicht ganz verständlichen (und auch nicht uneingeschränkt sympathischen) Ritual.

»Wenn Shou-hsin, der letzte Yin-Herrscher, den Leib schwangerer Frauen öffnen ließ und das Fleisch seiner Feinde verspeiste, so tat er das nicht aus Grausamkeit oder tyrannischer Neugier. Denn jeder Fürst, jeder Zauberer bedarf der Erneuerung seiner Kraft, seiner Substanz und seines Lebens, hat er doch die Pflicht, zum Nutzen aller seine gesamte Lebenskraft zu verausgaben« (Marcel Granet). Das rituelle Schwelgen der Tokyoter Angestelltengruppen in verdichteten Wachstumssymbolen scheint auf ihre Angst hinzuweisen, diejenige Fähigkeit der japanischen Gesellschaft möchte verloren gehen, durch die allein die Japaner stolz auf sich zu sein scheinen und die den Menschen außerhalb des Landes das schwer erklärbare Grausen vor ihnen einflößt: die japanische Fähigkeit nämlich, in furchterregend kurzer Zeit überwältigend viele Dinge herzustellen.

★

Produktivität in den hierzulande erreichten Dimensionen ist für eine Gesellschaft, die ihren naturreligiösen Anfängen noch so nah ist wie die japanische, eine bedenkliche Sache, psychologisch nicht weniger als religiös und politisch. Mengenbildungen liegt ja überhaupt ein Zauber- und Machtmoment zugrunde: Ein Kind sammelt von den kleinen Walderdbeeren, statt jede einzeln in den Mund zu stecken, eine ganze Handvoll, die dann überwältigend schmeckt und zugleich Macht über gierigere und kurzsichtigere Geschwister und Spielkameraden verleiht, die nun mit leeren Händen dastehen. Die Magie des Museums; der Zauber der Bibliotheken und Vorratshäuser; die Dämonie, die von geizigen Menschen ausstrahlt, so banal sie als Individuen sein mögen. Den Aufschub des Verzehrs, der zum Entstehen einer Menge notwendig ist, muß am Ursprung der Vorratswirtschaft ein Tabu zustandegebracht haben – wie auch die zur Hege von Tieren notwendige Hemmung, diese augenblicks totzuschlagen und aufzuessen, auf Tabus zurückgeht. Die ältesten und heiligsten Tempel Japans, die des Nationalheiligtums von Ise, sind – architekturgeschichtlich betrachtet – nichts anderes als archaische Reisvorratshäuser. Die Mengentabus sind in uns nicht außer Kraft gesetzt. Sie sind nur nicht mehr bewußt. In der westlichen Ekelangst vor japanischer Überproduktion zum Beispiel sind sie dicht unter die Oberfläche der politischen Rede emporgetaucht. Der neidisch sich vor der japanischen Hervorbringungskraft grausende Westen ebenso wie die vom Machtrausch der Mengenbildung ergriffenen Japaner haben es mit einem ins Atavistische hinunterreichenden Geflecht aus Tabus, Tabubrüchen, Ängsten, Triumph- und Schuldgefühlen zu tun.

Allen Kulturen gemeinsam ist die Angst vor an- und abschwellenden Massen. Sie bedeuten von den pharaonischen Plagen bis zu Marx' Analyse der Überproduktionskrise eine Strafe für Gier: Man bekommt so viel von dem, wovon man den Hals nicht voll genug kriegen konnte, daß es wirklich reicht. Darauf läuft auch einer der häufigsten Gemeinplätze in den westlichen Veröffentlichungen über Japan hinaus: Man werde dort schon noch sehen, was man von den Geistern unbegrenzter Vermehrung habe, die so leichtfertig gerufen worden seien; man werde auf seinen Waren sitzenbleiben, die japanische Wirtschaft werde sich »überhitzen«, ohne die »Droge« ständiger Außenhandelsüberschüsse werde die »Exportmaschine« Japan »kollabieren«. Und so weiter. Da sind andererseits die Macht- und Dominanzgefühle, die die strategische Bewirtschaftung der katastrophenträchtigen Mengen und Massen den japanischen Warenbürokraten ermöglicht, und die entsprechenden Gefühle der Ohnmacht, des Ausgeliefertseins bei den unsrigen. Die japanische Produktivität ist für das westliche Unterbewußtsein nicht einfach nur ein Überflutungsunglück. Sie ist eine Waffe.

»In vielen tausend Containern verschifften die Japaner riesige Mengen an Farbfernsehgeräten in die Vereinigten Staaten, wo die Ware in Lagerhäusern verschwand. Damit war gesichert, daß die Amerikaner, wenn sie aufwachten, die erste Angriffswelle nicht mehr durch Schließung der Grenzen oder durch Exportzölle stoppen konnten. Als die Lagerhäuser voll waren, wurde Amerika von preiswerten japanischen Farbfernsehern überschwemmt.« (»Spiegel« 45/1989)

»Deshalb sehe Pharaoh nach einem verständigen und weisen Mann, den er über Ägyptenland setze im Lande und schaffe, daß er Amtleute verordne und nehme den Fünften in Ägyptenland in den sieben reichen Jahren und sammle alle Speise der guten Jahre, die kommen werden, daß sie Getreide aufschütten in Pharaohs Kornhäuser zum Vorrat in den Städten und es verwahren, auf daß man Speise verordnet finde dem Lande in den sieben teuren Jahren, die über Ägyptenland kommen werden, daß nicht das Land vor Hunger verderbe.« (1. Mose 41, 29–36)

Nietzsche hat, ebenso wie Aby Warburg und Freud, zur Zeit der größten Machtausdehnung des Westens dessen Zivilisation als »apollinisch«-rationale Domestikation eines chaotisch-unbegrenzten Bereichs definiert, in dem die kulturelle Dynamik Zuhause ist, die hemmungslose Vermehrung der Gefühle, Formen und Lüste – dessen unumschränkte Herrschaft jedoch das Ende aller Kultur wäre. Die westlichen Kulturheroen sind Vermehrungsbändiger, Nachfahren der gegen die fruchtbarkeitsmagischen Baalskulte wetternden jüdischen Patriarchen, die freilich zu den eigenen Zwecken ganz unbefangen der Magie der großen Zahl sich bedienten, sei es die Vermehrung des eigenen Volks betreffend, oder bei der Handhabung der Massierungsplagen, über die ihnen Jahwe gelegentlich Gewalt gab. Joseph, der mantisch wie rational gleich begabte »Ernährer« und Vermehrungsverwalter des Pharaoh, ist in Thomas Manns Roman dann das mythische Vorbild einer als Gleichgewicht von Demokratie und Produktivität gedeuteten »New Deal«-Welt. Spätestens der Weltwirtschaftssieg Japans, eines Landes, das die »politics of productivity« entschlossen über die Demokratie stellte, hat diese Utopie des Westens zerbrochen. Die Angst vor den Plagen kehrt wieder (»die sollen heraufkriechen und kommen in dein Haus, in deine Schlafkammer, auf dein Bett ...«).

Das Zutrauen, das der Westen zu seinen eigenen Mengen haben konnte, war gesichert gewesen durch die Einbindung des Hervorbringens in sublimierte Abkömmlinge des »ganzen Hauses«, in patriarchalisch deutbare, ihrer uns historisch nächsten Gestalt nach bürgerliche Produktions- und Vermehrungsgemeinschaften, denen ein Ernährer, ein pater familias, eine »Unternehmerpersönlichkeit« vorstand, ein Aufsichtsrat oder eine Plankommission wenigstens, mit denen sich zur Not reden ließ. Daß diese eingrenzenden Schutzhüllen inzwischen nicht nur in Japan abgeräumt werden, hat die Produktionszentren der Welt in Spiegellandschaften verwandelt, in deren Raum alle Gegenstände in ihre unendliche Vermehrung hineingetrieben werden: die Zehntausendschaften auf ganz genau gleiche Art sexy angezogener junger Japanerinnen, die im Lauf eines Samstagabends über die Kreuzung von Shibuya stöckeln; die als Fortbewegungsmittel sinnlos gewordenen Autos, die schon seit dem späten Samstagnachmittag die Stadt bis in weit entfernte Vororte hinein unpassierbar machen; die Hunderttausende halbtoter Krebse, die in den Restauranthütten verschlungen werden; die Videorekorder; die »billigen Farbfernsehgeräte«; die Mikrochips; die Sintflut der Bilder, Lichter und Zeichen; die Überstunden; die Wachstumsraten; die Yen-Beträge; die Männer; die Frauen. Es ist zum Sich-Abwenden und dem Premierminister über den Cutaway reihern.

★

Zwei Tage, bevor ich meinen Geburtstag in einer der berühmt urtümlichen Speisehütten unter den Schnellbahngleisen des Yurakucho-Bahnhofs feiern wollte (ein Freund würde an diesem Abend dann einen lebendigen kleinen Taschenkrebs zwischen den rohen Fischstücken finden), träumte mir von der Fruchtbarkeit Tokyos. In unserem Wohnzimmer (in dem – dies der Tagesrest – seit einiger Zeit in Pflanzen, die sommers auf dem Balkon stehen, eingeschleppte Ameisen spazierengehen, was mich beim Frühstücken jedesmal merkwürdig freut) lebte ein durchsichtiges Plastiktier aus zwei miteinander verschweißten Folienhälften, wie man sie für Kinder, dann mit Bonbons oder bunt verpackten Schokoladenstücken gefüllt, hier überall kaufen kann. Das Wesen in unserem Wohnzimmer allerdings war voll mit tönnchenförmigen, schraubenartig geriffelten Puppen einer mir nicht bekannten Insektenart. Das Plastikwirtstier selbst dagegen sah aus wie ein Lämmchen, irgendein sanftes, nicht allzu gescheites Säugerwesen.

Wie Odradek in Kafkas Geschichte war es jedoch »außerordentlich beweglich und nicht zu fangen«. Als ich es schließlich trotzdem in Händen hielt, sah ich mit Grausen, daß sich einzelne der verpuppten Insekten in seinem Innern bereits regten, sogar ein bißchen in die Höhe sprangen und ihren Chitinleib an die Plastikwand der Verpackung schlugen, die wohl bald mürbe werden und zerbrechen würde. Ich fühlte keine Panik, aber ich wußte doch, daß ich dieses Ding (das mich plötzlich auch an die folienverschweißten Aspirintabletten erinnerte, die ich nach solchen Abenden meistens nehmen muß) ohne Zögern verbrennen oder sonstwie würde vernichten müssen. Es wurde dann ein wunderschöner, geschenkereicher, freundschafts- und flirtseliger, wenn auch für mich ziemlich teurer und durch nächtliches Kotzen und morgendliches Kopfweh geziemend bestrafter Abend.

Die festliche Entgrenzung, die dem Alltag einen zeitweiligen und kontrollierten Zugang zu den Reichen der Unterwelt, der keimenden Leichen, der Fruchtbarkeit, des Todes und der Fortpflanzung verschafft, ist kultische Grundlage aller Hervorbringungsmentalitäten, auch der westlichen. Wer nicht, wie beispielsweise der Graf in Goethes »Hochzeitslied«, einmal der Unterwelt volles Hausrecht auf seinem Besitz eingeräumt hat, bleibt unfruchtbar. Nur gibt es andererseits nichts Grausigeres als ein völlig dem Hervorbringen geweihtes Leben. Tokyo kommt mir, kommt uns naiven Protestanten oft vor, als sei hier das »Schlösselein« des aus dem Krieg zurückgekehrten Grafen gar nicht wieder aufgebaut worden, als habe man, vom »Toben und Tosen« der hochzeitenden Zwerge vollends bezaubert, nur einige provisorische Holzhütten in den Ruinen errichtet, um das Gnomen- und Feenfest, das sich unterdessen ins Unendliche und in alle Zukunft hinein fortsetzt, nicht zu stören. Als gingen die Menschen seitdem in einem Traum einher, »unzählige, selige Leute«, die, nur noch die Orgie der Unterweltsgeschöpfe vor Augen, gar nicht sehen, wohin es inzwischen mit ihrer Wirklichkeit gekommen ist (der leere Blick der Passanten).

★

Freitagabend. Mein Büro schließt heute ein bißchen früher und es gelingt mir meistens auch in Tokyo, jene Feierabend- und Wochenendstimmung zu empfinden, die ich hier freilich, wie so vieles andere, das mir zu Hause selbstverständlich schien, als etwas nur Europäisches zu verstehen gelernt habe: als ein residuales Handwerkergefühl, so mittelalterlich wie Frankfurt, Paris und London. Auf dem Fahrrad in die Straßen hinaus (es ist noch hell!), in eine Buchhandlung, mit aus Deutschland neu angekommenen Zeitschriften ins Kaffeehaus, später vielleicht ins Kino, danach in einem der fast die ganze Nacht geöffneten Mediensupermärkte eine CD kaufen und sie zu Hause bei einem späten Glas Wein noch hören, sich auf das Frühstück freuen – ein alteuropäischer Freitagabend in Tokyo.

Auf dem nächtlichen Nachhauseweg der Blick in die fast noch zur Hälfte besetzten Büros. Im geisterweißen, schatten- und quellenlosen Neonlicht leuchten die weißen Hemden. Die hübschen Bürofrauen sind schon fort. Kettenrauchende Männer starren aufmerksam bekümmert in Bildschirme. Andere wandern, Aktenbündel an die Brust gedrückt, Kugelschreiber in der Hand, zwischen den mit brusthohen Pappwänden voneinander abgetrennten Bürokubikeln umher. Ein überfüllter Aschenbecher. Der selbstvergessene, hingebungsvoll bemühte Ausdruck in einem im Vorbeifahren beobachteten Gesicht. Als hätte ich Tote gesehen.

*

Nachdem die Japaner das westliche Wirtschaftsethos im letzten Jahrhundert übernommen haben, ist es hier in einen Umbau- und Überlagerungsprozeß geraten und den traditionellen Haltungen und Verhältnissen adaptiert worden. Die Japaner haben sich jedoch den Geist des Kapitalismus auf der Grundlage viel älterer Vermehrungsgesinnungen angeeignet. Sie scheinen ihn dabei gleichsam »entsublimiert« und atavistische Fruchtbarkeitsgeister wieder aufgeweckt zu haben, die lange in ihm latent gewesen sind. In unserem Erschrecken vor der japanischen Arbeitsmoral drückt sich eine wohl auf antiorgiastische Tabus aus unserer mosaischen Vorgeschichte zurückgehende Abwehr dessen aus, was Bataille als die »Plethora« der protestantisch-kapitalistischen Arbeitsfrömmigkeit entgegengestellt hat, eine Ekelreaktion gegen die fruchtbarkeitskultische Verausgabung der letzten Reserven, gegen das Opfer, gegen die produktivitätspolitische Mobilmachung der wimmelnden Unterwelt. Freilich wird es den armen und den »Schwellenländern« kaum gelingen, unseren Vorsprung aufzuholen, ohne, ebenso wie der japanische Kapitalismus seit dem Ende des letzten Jahrhunderts, an diese orgiastischen Mentalitäten zu appellieren. Sie könnten zum Geist zukünftiger Wirtschaftswunder werden.

Es vergeht keine Woche in Tokyo ohne einen Zeitungsbericht darüber, daß ein japanischer Angestellter nachweislich an den Folgen seiner Überarbeitung gestorben ist und die Angehörigen von der Firma Schmerzensgeld verlangen (meistens auch erhalten). Diese Berichte sind in einem düster befriedigten, grimmig-resignativen Ton gehalten, der mich, wegen seiner Unangemessenheit diesen entsetzlichen Meldungen gegenüber, jedesmal aus der Fassung bringt. »Sich mit Büroarbeit den Bauch aufschlitzen«, möchte ich beim Lesen ausrufen, »ist doch keine rationale Organisation der Arbeit!«

Darum jedoch geht es den Japanern ja gerade gar nicht. Ich gehe unterdessen in Shibuya umher. Die sich in der Straßenmitte auf der großen Bahnhofskreuzung begegnenden, einander durchdringenden ampelgesteuerten Massen; die Hochhausgestelle; die auf ihnen wie Gewürm hin und her kriechenden Bilder und Lichter; die ein- und ausfahrenden Züge; ein Donnern, als sei die Luft von Maschinen erfüllt. Neben dem Eingang zu einem Imbißrestaurant, aus dem das schneefarbene Neonlicht von Tokyo strömt, ist ein vielleicht achtzehnjähriger Junge zusammengebrochen, eine der totenblassen, endlich aus der Daueranstrengung des Lebens hier entlassenen, sich dramatisch, fast wohlig im Dreck wälzenden Schnapsleichen, von denen die Straßen der Stadt, ihre U-Bahnen, Taxis und Bahnhöfe an Wochenendabenden voll sind. Seine Freundin, selbst alles andere als nüchtern, hat sich auf ihren hohen Absätzen neben ihn gekauert. Ihr Plüschmantel schleift auf der Erde. Sie rüttelt den Kranken ratlos mit einer schön manikürten Hand. Die übrigen Mitglieder der Ausgehgruppe, zwei gleichaltrige Jungs, stehen kichernd in der Entfernung, unschlüssig, ob sie die beiden nicht gleich ihrem Schicksal überlassen und in die nächste Diskothek weiterziehen sollten.

In der Gerümpelnische zwischen zwei Gebäuden steht ein junger Mann und starrt mit tränenden Augen auf einen Fladen Erbrochenes, den er sich gerade abgerungen hat. Die Straßen um den Bahnhof von Shibuya sind inzwischen einem bulimischen Krampf von Verschlingen und Wieder-von-sich-Speien hingegeben, einer ekelgierigen Verausgabungsorgie, die auch werktags, auch unter der rationalistischen Fachmenschenverkleidung der Konfektionsanzüge, immer schon spürbar, immer schon ausbruchsbereit ist und am Freitagabend endlich, als der verborgene kultische Sinn des Alltags, sich entfesselt.

★

Mitleid, Entsetzen, Ekel, eine Art Wut haben mich wieder gefaßt, Gefühle, die ich unsinnigerweise auf meinen neuen Sony-Walkman richte, der mir noch beim Anmarsch auf Shibuya beste und zuverlässigste Dienste geleistet hat. Jetzt plötzlich hängt die Schnur des Kopfhörers mit den kleinen Schaumstoffknöpfen, die gerade noch in meinen Ohren steckten, wie ein wurmartiges Würgetier um meinen Hals, man muß es herunterreißen und schnell in der Umhängetasche verstauen.

Am liebsten würde ich das Ding umbringen wie einen gefährlichen Parasiten (eine Laus; eine Fliege; einen Frosch). Aber: »Kann er denn sterben? Alles, was stirbt, hat vorher eine Art Ziel, eine Art Tätigkeit gehabt und daran hat es sich zerrieben; das trifft bei Odradek nicht zu. Sollte er einstmals etwa noch vor den Füßen meiner Kinder und Kindeskinder mit nachschleifendem Zwirnsfaden die Treppe hinunterkollern?«

Für mich wird es Zeit. Auf dem Nachhauseweg ist mir schlecht. In einem Coffeeshop trinke ich noch ein Bier und mache mir Notizen, bevor ich in den europäisch dunklen Gartengassen des Ausländerviertels verschwinde. In meinem Rücken vermehren sich die Bilder, die Frauen, die Waren, die Fische, die Heuschrecken, die Nachtwolken.

Das Verstummen der Propheten

I. Haus der Lüge (Einstürzende Neubauten)

In Tokyo wird unaufhörlich gebaut. Keine andere körperliche Arbeit ist zu sehen. Die Mitglieder der Arbeitsbrigaden tragen graue Overalls, weiße Frotteehandtuchstreifen als Schweißtücher um den Hals oder als Stirnband, allerlei Eisenhaken und Werkzeuge an einem breiten Gürtel, lederstrumpfartig eng anliegende Fuß- und Wadenbekleidung mit dünnen Sohlen, die ihnen leichtes und vorsichtiges Gehen auf hohen Gerüsten erlaubt. Kein weggeworfener Nagel, keine Pfütze, kein herumliegender Stein auf den Baustellen. Baggerführer mit unbewegten Gesichtern, die den Schaufelarm in Meterentfernung von den Kollegenköpfen kompliziert und mit voller Kraft manövrieren lassen, so sicher, als zerlegten sie eine Frühstückspausen-Apfelsine. Ein Lastwagen wird mit Aushuberde beladen, einer steht in Wartestellung, zwei weitere sind unterwegs zur Deponie. Stahlträger werden auf Sattelschleppern angeliefert, die unter lautem Warnpiepen millimetergenau in die Baustellenausfahrt einrücken. Blauuniformierte Aufpasser mit Plastikschutzhelmen, deren autoritativ-serviler Habitus die Mitte zwischen Polizist und Page hält, vermitteln zur Passantenöffentlichkeit, sperren unter Entschuldigungen den Bürgersteig, verweisen auf Behelfsstege, geben morgendlichen Schülerkolonnen

Trillerpfeifensignale, winken nachts mit rotleuchtenden Signalstäben.

Der Nominalwert der Grundstücke, auf denen Tokyo steht, lag 1990, so konnte man jedenfalls in hiesigen Zeitungen lesen, knapp über dem Nominalwert sämtlicher Grundstücke in den Vereinigten Staaten von Amerika. Ein Quadratmeter Boden auf der Ginza, im zentralen Geschäftsbereich, kostet jedenfalls eine halbe Million Mark. Schon ein bescheidenes Grundstück irgendwo in Tokyo gilt bei Banken als ausreichende Kreditsicherheit für jedes denkbare Gebäude, das der Besitzer darauf errichten möchte. Die aufwendigste Bauweise, der berühmteste Architekt fallen für jemanden, der hier überhaupt bauen kann, kaum mehr ins Gewicht. Die Bodenspekulation hat die Tokyoter Häuser zu Zelten gemacht, die man fast beliebig auf- und abschlagen kann.

Eine wundervoll düstere weinlaubüberwachsene Villa aus den dreißiger Jahren, nicht weit von meiner Wohnung. Dünnes Fensterglas, hinter dem schon seit einiger Zeit niemand mehr gewohnt hat, grüne Holzfensterläden, ein schmiedeeisernes Balkongeländer, schmutziggelber Verputz, das Dach aus glasierten Ziegeln. Vorgestern morgen, als ich dort vorbeiging, frühstückte eine Baubrigade im Schatten stehengebliebener Bäume auf den Trümmern der Fundamente. Eine andere der Villen, von denen unser Hügel noch vor fünfzig Jahren übersät war, ist in einem Bildband dokumentiert, den man in allen Buchhandlungen bekommt – eine reizvoll kitschige Mischarchitektur aus ostasiatischen und mexikanischen Motiven, idiosynkratischer Stiljazz eines amerikanischen Ehepaars, das sich in den vierziger oder fünfziger Jahren hier niedergelassen hat. Dieses Haus, das mich immer merkwürdig tröstete, wenn ich in meinem ersten Tokyoter Herbst, meistens viel zu spät, am Abend auf dem Weg von der Arbeit an ihm vorbeikam, ist schon seit einem Jahr verschwunden, das Grundstück, das jetzt hinter einem rotweißen Plastikzaun leer daliegt, von Krautstauden überwuchert. Man scheint da einstweilen gar nichts bauen zu wollen. Es kam wohl nur darauf an, einer drohenden Deklaration des Hauses als Baudenkmal zuvorzukommen. An einem Sommerabend sind meine Frau und ich damals in die Ruine eingedrungen, als das erste Stockwerk schon zertrümmert und abtransportiert war. Im Halbdunkel fand ich einen Fenstergriff aus Messing in Form eines Pferdekopfs, der im Laternenlicht von der Straße her glänzte. Ich wollte ihn als Erinnerung mitnehmen, legte ihn aber in einer abergläubischen Anwandlung wieder in die Trümmer zurück.

★

Die maßgebenden Bauwerke des Westens sind Ruinen: die antiken. Die klassizistische Tradition zusammen mit der jüdisch-apokalyptischen, nach der die großen Bauten von vorneherein dazu bestimmt sind, alsbald ruiniert zu werden (der Turmbau der Genesis, der Tempel Salomons), hat die Ruine als ein geheimes Leitbild unter den westlichen Architekturidealen aufgerichtet. Die »Carceri« Piranesis, die spätmittelalterlichen Turmbaudarstellungen, die manieristischen und romantischen Ruinenbilder sind Bruchstücke einer selbst fragmentarischapokryphen Kunstgeschichte des Kaputten, in der vielleicht Angst, Haß, Gier aus Völkerwanderung und nomadischer Vorzeit weitertradiert sind, Ansichten der Weltstadt durch die Augen der Barbaren.

In der traditionellen Architektur Japans hat das Ruinenideal keinen Platz. Paläste und Tempel, ohnehin nach antiken und klassizistischen Maßstäben wenig anderes als handwerklich raffiniert gearbeitete Holzhütten, sind leicht abzubauen und zu transportieren. Sie müssen in bestimmten Abständen durch Abriß und Wiederaufbau erneuert werden, ebenso wie die einfachen hölzernen Wohnhäuser (die heute freilich meistens durch nichtssagende Betonbauten ersetzt werden, wenn ihre Zeit abgelaufen ist). Die auf eherne Dauer angelegten Pathosformeln der westlichen Tradition jedoch, jene wuchernden postmodernen Architrave, Söller, Erker, Bögen, Kuppeln, Zitate, haben im Reizklima der japanischen Baugesinnung von vorneherein etwas Ruinenhaftes angenommen. Schon gleich nach ihrer Fertigstellung nehmen sie sich aus wie Zierat an der zerschmettert im Sand liegenden Kolossalstatue einer seit Jahrhunderten untergegangenen Kultur. In Tokyo ist die apokryphe Ruinentradition des Westens Mainstream.

★

Am südlichen Rand von Azabu-Juban, auf einem Eckgrundstück zwischen zwei Vierspurmagistralen, steht ein Gebäude von Edward Suzuki in Gestalt einer geviertelten Tonne mit einem Grundrißradius von vielleicht zwanzig Metern: das »Joule A-Building«. Die Fassade ist aufgelöst in ein Gestänge aus Aluminiumrohren und -gittern, hinter dem sich die Fenster der Büros und Apartments verbergen. Die ersten drei Stockwerke des »Joule A« – Viertelzylinders jedoch sind leer: ein hohes Atrium ist im nach vorne offenen Tonnenbogen entstanden, aus dem man durch monumentale Stahlträger hindurch ins Freie und nach oben in den Himmel sieht, immer jedoch vom Grund eines bedrohlich-überdimensionierten Innenraums heraus, in dem dann momentlang zyklopische Buckelquader vor dem inneren Auge erscheinen, riesenhafte Ketten und Flaschenzüge, antikisierende Bögen, Löwenreliefs, Monumentalstatuen gefangener Barbarenkönige, Ampeln, Zentralsäulen, erbeutete Feldzeichen, Draperien, Gruften. Die Anspielung des Gebäudes auf Piranesis »Carceri« ist so zwingend, daß man im Innenraum des »Joule A-Building« steht wie der Betrachter vor jenen Blättern, in der Haltung eines Propheten nämlich, der in jedem Palast nur die Ruine sehen kann, in die ihn die Gottesgeißel fremder Heerscharen oder der Herr (in einer schnellen Wolke fahrend) hoffentlich bald verwandeln werden, damit auf den Trümmern des Bösen bald das Endreich anbricht.

Schon zum zweitenmal ist am heutigen Sonntagmorgen mein Schreibtisch von einem kleineren Erdstoß erschüttert worden. Erdbeben beginnen mit einem eigentümlich saugenden, eher sanften Schaukeln, das man sich zunächst einzubilden scheint (eine Kreislaufanwandlung, ein leichtes Schwindelgefühl); dann sieht man auf und bemerkt, daß Zimmerpflanzen schwanken und Deckenlampen schwingen; vielleicht läuft jetzt ein Knirschen und Knacken durch die leichten Wände, die an flexiblen Stahlträgern aufgehängt sind. Man geht in eine Art Wartestellung und beobachtet, ob das Beben stärker wird, das jedoch fast immer nach zehn bis zwanzig Sekunden vorüber ist.

Die Seismologen sind sich ziemlich einig in der Ansicht, daß die Gegend um Tokio irgendwann im nächsten Jahrzehnt von einem Erdbeben von sieben bis acht Punkten auf der Richter-Skala heimgesucht werden wird. Ein Beben der Stärke sechs habe ich schon erlebt. Bücher flogen durch die Luft, Lampen fielen um, das Haus befand sich in dämonischem Aufruhr. Sieben wäre dreißigmal so stark, unvorstellbar.

Unter japanischen Respektpersonen, seien es Politiker, Professoren, Oberärzte oder Bürokraten, ist womöglich noch häufiger als bei uns jene Kategorie von Menschen vertreten, die man in irgendeinem Ernstfall bitten würde, jetzt hier mal freundlicherweise den Mund zu halten, beiseitezutreten und die Feuerwehr durchzulassen – ältere Herren, denen jedermann seit Jahrzehnten mit geheuchelter Aufmerksamkeit zugehört hat, abgeschnitten von jeder wirklichen Praxis und Verantwortung, weitschweifig, langweilig, inkompetent, kettenrauchend, zu viel Whisky mit Eiswasser trinkend, bei internationalen Symposien öffentlich auf dem Podium einschlafend, freundlich, jovial und vertrauensunwürdig bis ins Mark.

Gerade diese Männer aber nun sind es, die den Einwohnern Tokyos in Fernsehsendungen, bei »Erdbebendrills«, auf Pressekonferenzen, »desaster prevention days« und dergleichen fortwährend versichern, das für die nahe Zukunft vorhergesagte Megabeben sei zwar möglich und sogar wahrscheinlich, es werde aber, wenn wir uns alle richtig verhielten, kaum etwas passieren; wir würden das Gas abschalten, unseren stets gepackt im Schrank stehenden Rucksack mit Trinkwasser und anderen Necessaires zur Hand nehmen und uns ohne Hast zum nächsten Park begeben, wo die Autoritäten für alles weiter Notwendige Sorge trügen. Am ersten September, dem »Nationalen Erdbebentag«, stehen dann auf dem Baseballplatz in der Nachbarschaft irgendwelche Zelte und Krankenschwestern herum, flugblattverteilende junge Männer in Schutzhelmen und dergleichen.

Jeder ahnt und die meisten Experten versichern uns, daß es in Wirklichkeit ganz entsetzlich werden wird. Aber der japanischen Gesellschaft scheint das prophetische Selbsterregungspotential zu fehlen. Es ist, als glaube jeder den Verlautbarungskaspern. Dabei gibt es aufgrund der Prestigeeifersüchtelei der einzelnen Stadtbezirke nicht einmal eine Zentralstelle, die das Mandat hätte, Evakuierungen vorzunehmen. In den Gassen der Unterstadt werden die Menschen ersticken und verbrennen wie beim letzten Mal, 1923. Chemische Fabriken werden in die Luft gehen, die Straßen werden voll explodierender Autos stehen, das künstlich aufgeschüttete Land vor der Küste wird sich verflüssigen (vielstöckige Gebäude stehen dort), die Leuchtreklamen und Wassertanks werden von den Dächern hageln, vollbesetzte U-Bahnen entgleisen.

Vielleicht hat die Gelassenheit der Japaner angesichts dieser Aussichten etwas mit konfuzianischen Verboten zu tun, über unmittelbare soziale Zusammenhänge hinauszudenken. Sicher aufgrund meiner Selbstbeobachtung bin ich inzwischen jedenfalls, daß die westliche, besonders protestantische Neigung, sich über unbestimmt drohende Gefährdungen des Ganzen (das mich sonst gar nicht interessiert) mit Lust zu erregen und zu empören, daß diese Neigung, die mich gelegentlich mit der Gewalt früher Prägungen packt, auf meine pietistische Erziehung zurückgeht und überhaupt archaisch-religiöse Wurzeln hat, Ahnen mit Schaum vor dem Mund (hebräisch »hittif« heißt prophezeien und geifern).

★

Im samstäglichen Frühlingswind bin ich heute noch einmal zum »Joule A-Building« gegangen. Die Bambusstauden rauschen und die Sonne scheint durch Balken, Stahlträger, Galerien ins Innere des Foyerkerkers herab. Dem Gebäude gegenüber treffen sich über den vier ebenerdigen Fahrbahnen, die hier eine Kreuzung bilden, fünf oberirdische auf Betonträgern. Von hier aus wird sichtbar, daß das Ruinen- und Prophetenatrium des »Joule A-Building« nur die in Tokyo allgegenwärtige Stimmung unter diesen Highways aufnimmt und daß Piranesi in dieser Stadt als realistischer Künstler zu gelten hat.

Mein Gott, laß uns schon weg sein, wenn es hier knallt.

II. Das Verstummen der Propheten

1986, auf dem Höhepunkt der ökologischen Erweckungs- und Selbsterregungsaktivität in Europa, hatte Niklas Luhmann in einem Buch mit dem Titel »Ökologische Kommunikation« einen bestimmten theoriestrategischen Schwachpunkt der in Deutschland damals einflußreichsten Publizistenfraktion angegriffen –, aus dem historischen Rückblick, der heute möglich ist, könnte man diese Fraktion vielleicht als den »protestantisch-prophetischen Komplex« bezeichnen, und mein Eindruck ist, daß sie sich von diesem und ähnlichen Angriffen nie wieder so recht erholt hat. Luhmann hatte in seinem Buch das damals ziemlich unangefochtene politische Prestige der ökologischen Zusammenbruchsprophetie diskreditiert, nicht indem er sich auf die Frage einließ, ob die Katastrophe in den Türen steht oder nicht (die weniger elegante Strategie der antiprophetischen Fraktionen besteht darin, diese Frage einfach zu verneinen), sondern indem er diskutierte, ob es überhaupt sinnvoll ist, so wie die ökologisch säkularisierte Prophetie zu sprechen, ob es, anders gesagt, für eine komplexe, eine in autonome selbstregulierende Subsysteme zerfallene Gesellschaft sinnvoll sein kann, den Propheten zuzuhören: ob es solchen Gesellschaften nämlich möglich ist, sich auf Gefahren einzustellen, die ihnen als ganzen drohen. Wäre das nicht der Fall, dann, so die unausgesprochene Folgerung Luhmanns, wäre der Redezeitvorsprung der prophetischen Fraktion dahin und sie, statt privilegiertes Wissen und überlegene Moral zu verkörpern, könnte nicht mehr beanspruchen als eben auch nur eine der verschiedenen Traditionen theoretischer Folklore in der Bundesrepublik zu sein (den Ökologen, wie den Propheten, muß es ja notwendig um die Verworfenheit und Strafvernichtungsgeweihtheit des ausnahmslos gesamten Gemeinwesens gehen; nur die gibt ihnen die Autorität, vor der das Gerede verstummt).

Kann aber die Weltstadt als ganze umkehren, bevor sie zusammenbricht? Kann sie als ganze überhaupt zusammenbrechen? Diese politischen Fragen hängen zusammen mit einer logisch-erkenntnistheoretischen, der Frage nach der Möglichkeit nämlich, »die Ganzheit des Systems innerhalb des Systems nochmals zur Geltung zu bringen«, wie es Luhmann in jener Untersuchung formulierte. Es müßte gleichsam vor den Toren der Weltstadt einen Hügel geben, auf deren Gipfel sie ganz zu überblicken wäre (die zornbebende Faust des Herrn erscheint dem Propheten dort in einer Wolke; die Barbaren, noch eine sehr kleine Staubfahne am Horizont, werden von dort oben aus von einem Hirten zuerst gesehen; der könnte zum Marktplatz stürzen und, nach Worten ringend, die Wahrheit hinausschreien). Da die Stadt aber die ganze Welt einnimmt; kein Berg hoch genug ist, sie ganz zu übersehen; es nicht einen Marktplatz mehr gibt, auf den man stürzen könnte, sondern Dutzende von Fernsehkanälen, die unablässig durcheinanderreden und einander widersprechen: muß der Versuch eines komplexen Systems, sich selbst zu beobachten, eine logische Unmöglichkeit beanspruchen, nämlich, so Luhmann, »die Differenz desjenigen Teiles, der die Ganzheit des Systems im System repräsentiert, zu allen übrigen Teilen«.

»Die Darstellung von Einheit ist Herstellung von Differenz. Schon die Absicht ist also paradox und widerlegt sich selbst.« Die Kunst, »in der Art von Propheten von gewissen Positionen aus an Wesentliches zu erinnern und den Verfall zu beklagen« ist deshalb seither selbst in Verfall geraten.

★

In der Mittagspause theoretische Werke zu lesen ist einer der wichtigsten Selbsterhaltungstricks des angestellten Intellektuellen. Sandwiches essen, Frankfurter Rundschau, FAZ, taz kontrollieren, dauert zwanzig Minuten: bleibt fast eine Dreiviertelstunde, im nahen Kaffeehaus mit Augen und Bleistift ehrwürdige, schwierige Zeilen entlangzufahren. Mein Wille, mir selbst zu beweisen, daß ich noch nicht verblöde, treibt mich in eine theoretische Sphäre, in der ich mich erholen kann von der Überdosis Wirklichkeit, der Angestellte täglich ausgesetzt sind. Ich habe das Gefühl, auf diese Weise mehr und williger lesen zu können als zu Zeiten, in denen ich zerstörerisch große Theoriegaben zu verdauen hatte (und mich nach einer Berufstätigkeit, nach dem reellen Fachmenschentum sehnte). So habe ich neulich begonnen, Max Webers religionssoziologische Aufsätze über Konfuzianismus, Taoismus und Buddhismus in meinen Mittagspausen durchzuarbeiten, was schnell zu einer so starken Passion wurde, daß ich mich vor den »business lunches«, bei denen hier viele Geschäftsangelegenheiten abgewickelt werden, oft zu drücken begann, weil es mich mittags zu sehr ins Kaffeehaus und zu Max Webers Aufsätzen zog.

Das Faszinierende an gerade dieser Lektüre (der ich damals meist auch abends bis spät in die Nacht hinein oblag) war die in Webers Buch ausgebreitete These, der chinesische Kulturraum kenne die Prophetie nicht, von der andererseits Juden-, Christentum und Islam geprägt sind, es fehle in ihm die »seelische Revolution« durch die von einer einzigen inneren Stimme ergriffenen Mantiker, es fehlten diesem Kulturraum deshalb auch individuelle Ethik und Individualität im westlichen Sinn überhaupt.

Ich schien mithilfe dieser These Max Webers der Erklärung für einen Eindruck auf der Spur, der jeden Reisenden, den es für einige Zeit nach China, Japan oder Korea gezogen hat, unweigerlich überfällt: daß die Menschen hier ja gar nicht hätten, was man, wenn man im Gespräch mit anderen Westlern diesen Eindruck zu präzisieren versucht, dann unwillkürlich, aber mit einem nicht ganz reinen Gewissen als »Persönlichkeit« zu bezeichnen pflegt – daß die ja gar nicht einmalig sein wollen; daß die gar keinen Wert darauf legen, sich »persönlich weiterzuentwickeln«; daß die ja völlig in ihren beruflichen und familiären Bindungen aufzugehen scheinen, anstatt nebenher »eigentlich« etwas anderes sein zu wollen. Und so weiter (nach dem dritten Bier).

Nun stehen diese Diskussionen westlicher Ausgewanderter freilich unter gleich zwei schweren Tabus: erstens macht man sich mit dergleichen der Todsünde des Eurozentrismus schuldig. Zweitens gibt man mit jedem Satz implizit zu, daß man sich selbst eben für eine »Persönlichkeit« hält; den Eindruck hat, man »entwickle sich persönlich weiter«; in seinen beruflichen und familiären Bindungen nicht aufgeht, sondern nebenher »eigentlich« etwas anderes zu sein beansprucht. Von uns reflektierteren Auswanderern werden solche Gespräche deshalb (eleganterweise mit Hinweis auf das Unrecht des Eurozentrismus) schnell abgebrochen, bevor man sich in den Sümpfen der Peinlichkeit verirrt.

Andererseits darf es natürlich gerade einen Essayisten vor gar nichts grausen. Und so schrieb ich den ganzen letzten Sommer lang an einem Aufsatz, in dem ich Webers Analyse des Konfuzianismus mit der westlichen Propheten- und Persönlichkeitsgläubigkeit zusammenbrachte. Es gab, fand ich, sehr gelungene Beschreibungen in meinem Text: zum Beispiel das (eigentlich unbeschreiblich) coole Verhalten einer japanischen Menschenmenge während eines schweren Erdbebens in einem Kinosaal im fünfzehnten Stock eines Hochhauses (es wurde »Basic Instinct« gegeben). Ein Auslandskorrespondent kam vor, der sich in schwerem Ringen mit seiner eigentlichen Berufung zur Jazzmusik abkämpft. Ich verkrachte mich mit einem gleichfalls in meinem Aufsatz geschilderten Freund, der in seinen (in den ersten Sammlungen Westdeutschlands zu besichtigenden) Bildern und Installationen den Anruf des Göttlichen zu erflehen und zu gestalten versucht und dem ich meinen Text unklugerweise gezeigt hatte. Alles wurde unerschrocken durchgestanden. Es fehlte auch nicht an masochistisch ehrlichen Aufdekkungen eigener Antriebe zur Essayschreiberei. Und der Text war übersät mit wahrhaft herrlichen Weber-Zitaten wie dem folgenden:

»Erst echte Prophetie schafft eine systematische Orientierung der Lebensführung an einem Wertmaßstab von innen heraus, der gegenüber die Welt als das nach der Norm ethisch zu formende Material gilt. Der Konfuzianismus war umgekehrt Anpassung nach außen hin, an die Bedingungen der ›Welt‹. Ein optimal angepaßter, nur im Maße der Anpassungsbedürftigkeit in seiner Lebensführung rationalisierter Mensch ist aber keine systematische Einheit, sondern eine Kombination nützlicher Einzelqualitäten. Das Fortbestehen der animistischen Vorstellung von der Mehrheit der Seelen des Einzelnen in der chinesischen Volksreligion könnte fast als Symbol dieses Tatbestandes gelten. Wo alles Hinausgreifen über die Welt fehlte, mußte auch das Eigengewicht ihr gegenüber mangeln. Domestikation der Massen und gute Haltung des Gentleman konnten dabei entstehen. Aber der Stil, welchen sie der Lebensführung verliehen, mußte durch wesentlich negative Elemente charakterisiert bleiben und konnte jenes Streben der Einheit von innen heraus, das wir mit dem Begriff Persönlichkeit verbinden, nicht entstehen lassen.«

Eine mich sogar selbst überraschende Deutung erfuhren in meinem Essay außerdem die verschiedenen Entrüstungsbewegungen der achtziger Jahre, die interpretiert wurden als paradoxe Massenbewegungen zur Persönlichkeitsrekonstruktion, in denen kleinbürgerliche Schichten gegen gesellschaftliche Differenzierungs- und Komplizierungsschübe prophetische Energien mobilisierten, um die gewohnte Illusion von Autonomie und Deutungskompetenz aufrechtzuerhalten.

Und eine besonders elegante Wendung hätte dieser Aufsatz dadurch genommen, daß ich Jacques Derridas Dekonstruktion des Phono- und Logozentrismus mit der Prophetenproblematik engführte, was dadurch möglich ist, daß das chinesische Schriftsystem in Japan für jedes Zeichen bis zu fünf oder mehr verschiedene Lautgestalten ermöglicht, so daß beim Lesen japanischer Texte keine einheitliche innere Stimme entstehen kann, dadurch keine innere Einheit und ...

Es ist wirklich ein Jammer, daß mir das alles unter den Händen bei jedem Anlauf rettungsloser mißriet.

III.

Wenn ich fünf japanische Mädchen im Kaffeehaus um einen Tisch sitzen sehe, dann kommt es mir vor, als habe sich dort ein einziger Mensch in fünf Versionen seiner selbst zerlegt, um sich mit sich selbst zu unterhalten und sich an den verschiedenen Aspekten seiner Holdheit, Kicherigkeit, Freundlichkeit, Umgänglichkeit und Zivilisation zu erfreuen. Und mir ist zugleich, als sähe ich über die Mauern eines Paradieses, aus dem ich für immer vertrieben bin.

Wahrscheinlich ist es nicht möglich, über das Problem meines gescheiterten Essays mehr zu sagen, als daß ein Europäer (und besonders ein Deutscher), der eine Weile in Japan gelebt hat, Dispositionen an sich entdeckt, die in Max Webers Theorie über Persönlichkeit und prophetisches Erbe ihre entschlossenste Formulierung gefunden haben – und seien es nur Dispositionen wie die, in der Mittagspause krampfhaft theoretische Werke lesen zu wollen. Was mich im letzten Sommer während der Abfassung des beschriebenen Essays bewegte (die Azaleen blühten überall in der Stadt, einen Monat lang herrschte Sommerferienwetter in Tokyo) wäre dann also die durch Selbstbeobachtung unter hiesigen Bedingungen gewonnene Intuition gewesen, daß mir das Sprachspiel, mich als Individuum zu entwerfen, nicht gelingen kann, ohne daß ich es unwillkürlich an anderen Sprachspielen ausrichte, die aus dem Zerfall prophetischer Religiosität entstanden sind.

»Die Intensität ästhetischer Erfahrungen«, schreibt Heinz Schlaffer, »wäre nicht verständlich, wenn sie nicht vom Erbe des Enthusiasmus zehrte.« Die Erfahrungen, Gewißheiten, Intensitäten der bürgerlich-europäischen Selbsterschaffung und Selbsterhaltung sind ästhetisch zuerst erschienen: in der pietistisch-empfindsamen Selbsterforschungsliteratur und im Bildungsroman. Heute haben sie ihren einheitlichen sozialen Ort eingebüßt. Sie können keine andere Geltung mehr als die ästhetische beanspruchen und haben sich in ungezählte Individuationssubkulturen zerstreut. Es ist jetzt sichtbar, daß das enthusiastisch-prophetische Erbe nicht nur die ästhetische Erfahrung gespeist hat, sondern auch jene, die ich mir einbilde, wenn ich von mir selber spreche, darüber, wie ich sein will oder glaube zu sein.

Alltag, Beruf, Wissenschaft und Politik sind vollständig entzaubert und stehen unter polytheistisch-»konfuzianischen« Sternen. Für die Aufrechterhaltung und möglicherweise das Gelingen meiner Anstrengung jedoch, mich in dem festzuhalten, was ich – warum und wie berechtigt auch immer – als mein Leben erfunden habe, dazu scheint es nötig, »im pianissimo«, wie Max Weber schrieb, jenes »Etwas« anzurufen, »das dem entspricht, was früher als prophetisches Pneuma in stürmischem Feuer durch die großen Gemeinschaften ging und sie zusammenschweißte«. Es soll mir nur nicht mehr passieren, die Stimme, die ich da in mir manchmal zu hören scheine, auf die ganze Welt zu beziehen.

Motivationen sind nicht zu entzaubern. Noch das

Wort »Beruf« bewahrt etymologisch die Erfahrung auf, die den Ergriffenen einmal, Schaum vor dem Mund, auf den Marktplatz stürzen ließ, um die von Gott ergangene Botschaft zu sagen oder zu singen. Und daß man es sogar bei der Studien- und Karriereplanung mit prophetischen Zuständen und dämonischen Mächten zu tun bekommt, hat Max Weber am Schluß seiner Rede über »Wissenschaft als Beruf« in der rationalistischen Ausdeutung eines Jesaja-Orakels versteckt.

»›Es kommt ein Ruf aus Seir in Edom: Wächter, wie lang noch die Nacht? Der Wächter spricht: Es kommt der Morgen, aber noch ist es Nacht. Wenn ihr fragen wollt, kommt ein andermal wieder.‹ Das Volk, dem das gesagt wurde, hat gefragt und geharrt durch mehr als zwei Jahrtausende und wir kennen sein erschütterndes Schicksal. Daraus wollen wir die Lehre ziehen: daß es mit dem Sehnen und Harren allein nicht getan ist, und es anders machen: an unsere Arbeit gehen und der ›Forderung des Tages‹ gerecht werden – menschlich sowohl wie beruflich. Die aber ist schlicht und einfach, wenn jeder den Dämon findet und ihm gehorcht, der seines Lebens Fäden hält.«

★

Ich bin jetzt schon fast zwei Jahre und zwanzig bis dreißig größere Erdstöße lang in Tokyo. Neulich hat es sich wieder ergeben, daß ich morgens schrieb und die Stadt bebte. Mein großes Zimmer wogte und knackte wie ein Schiff auf See und ich sah, gelähmt von Angst und aufsteigender Lust an der Katastrophenpoesie dieser Momente, um mich. Vor dem Fenster im Garten waren die Zweige in eine wippende und kreisende Bewegung geraten, die noch eine Weile anhielt, nachdem es vorbei war. Dann kam meine Frau aus einem anderen Teil der Wohnung gelaufen, wir plauderten kopfschüttelnd eine Weile über die gerade erlebte Samstagmorgensensation, und bald hatte ich mich wieder auf meine Notizen gebeugt.

Naomi

I.

Sobald ich Tokyo verlassen habe, noch im Flugzeug, auf dem Weg von Narita in die Welt, gewinnt die Tatsache wieder eine Art öffentliche Bedeutung, daß ich ein Mann bin. Der Flirtraum (das Servieren einer Tasse Kaffee; das Warten im Gang zwischen den Sitzreihen, solange die Stewardess eine ihrer fummeligen Betreuungspflichten erledigt hat und den Weg freigibt; unser beider Lächeln danach) ist wieder eröffnet, nachdem er während der japanischen Monate, die hinter mir liegen, schon fast vergessen war. Ich spiele wieder mit. Die Anziehungskraft zwischen Fremden, wahrgenommen, aber nicht zu ernstgenommen, trägt mich wieder (das Gewebe, aus dem das Weltgesellschaftsgefühl gemacht ist).

Für die Japaner jedoch sind wir Europäer der Ernstfall. Mit uns ist nicht zu spaßen und zu flirten. Wo überall sonst in der Weltstadt am Ursprung der Geschäfte, Solidaritäten, Sympathien, Bündnisse die vage-vorbewußte Überlegung, wie es mit dem oder der sein, ob man ihr oder ihm vielleicht gefallen könnte, ein emotionales Medium schafft (eben den Flirtraum und seine Derivate), dort liegt den Beziehungen zwischen den japanischen Frauen, Männern und uns tiefinnerst der xenophobische Schrecken zugrunde, in seine häufigste Ableitungsform, eine zwanghafte Höflichkeit, gerade noch hineingebannt.

Hier sollte ich vielleicht von Naomi erzählen.

Naomi hatte ich außerhalb des Theaters, an dem sie arbeitet, zum ersten Mal ein paar Tage vor meiner Abfahrt in die Ferien getroffen, auf einem Empfang für die Mitglieder der Theatertruppe, der sie seit sechs Jahren, seit sie überhaupt Theater spielt, angehört. »Die ist so phantastisch, die kannst du, so wie sie ist, an der Schaubühne spielen lassen«, schwärmte ein befreundeter europäischer Regisseur, der sie vor kurzem beruflich kennengelernt hatte und schon nach den ersten paar Probetagen eine Beute schwerer Kunstverliebtheit gewesen war. Auf der Bühne habe ich sie zuletzt in Tschechows »Möwe« gesehen, und als ich mich zufällig in dem ärmlichen, verstaubten, baufälligen Zuschauerraum des Theaters umsah, saß eine ältere Japanerin hinter mir, der, während sie die Augen von Naomis Darstellung der »Nina« nicht abwandte, Tränen übers Gesicht liefen.

Unvergeßlich der Blick des Schauspieltruppenseniors – eines vielleicht sechzigjährigen Mannes, der sich in einem langen unbegabten Schauspielerleben in immer demselben Familienensemble eine unerschütterliche Autoritätsstellung erworben hat – als es mir gelungen war, Naomi an meinen Tisch zu lotsen, wo wir, wie schon zuvor auf Premierenpartys im Theater, mangels einer uns gemeinsamen Sprache nicht das Geringste miteinander auszumachen hatten. »Tomodachi, ne«, sagte er im Vorübergehen, was wörtlich übersetzt heißt, »Das ist wohl dein Freund, was?« und bei aller Ironie klar den Unterton hören ließ: »Wehe, du machst uns die Schande, mit dem zu fraternisieren, vergiß nicht, wo du stehst, dein Talent ist unser Talent.«

Naomi wird nie mit anderen Kollegen als mit denen ihres Clans spielen. Sie wird nie mit Robert Wilson arbeiten, nie am Broadway auftreten, nie in Berlin, nie in einem Film von Jim Jarmusch. Naomi wird ihr Schauspielerleben lang an dem kleinen Vorstadttheater in Tokyo bleiben, wo sie angefangen hat (Giorgio Morandi ist nicht entdeckt worden). Bei näherer Betrachtung hat es auch etwas Tröstliches.

★

Im Blick jedes Japaners, mit dem wir im letzten Jahr zusammengekommen sind, das spüre ich in den Ferien, weil es überall außerhalb Japans so anders ist, spiegelt sich der Eindruck, den der Westen vor kaum mehr als hundert Jahren hier hinterlassen hat und der die Japaner, heute noch, beim Anblick jedes europäischen und amerikanischen Ausländers reflexartig zur schreckenserfüllten Annahme von Haltung, höflich kaschierter »Wir Japaner«-Corpsloyalität, verdoppelter Leistungs- und Abwehrbereitschaft an allen Fronten aufruft.

So sehen wir aus. Was uns als Krampf des Japanischseins erschreckt, jener Zwang, alles Westliche besser zu können, ist die mimetische Abwehr einer Fremdheit und eines Grauens: angesichts des Ungeheuers unmittelbar das in die Glieder gefahrene Entsetzen in Nachahmungstänze verwandeln, der Medusa ihre Grimasse zurückspiegeln, ohne jene Schrecksekunde lang, die alle anderen außereuropäischen Gesellschaften ins koloniale

Hintertreffen geraten ließ, untätig zu erstarren. Die Entschlossenheit der Handvoll Reformer, die im letzten Jahrhundert die Selbstkolonialisierung und Eigenkapitalisierung Japans exekutierten, hat zu einer Spiegelübertragung geführt, in der sich die schockierenden Züge des Westens potenzieren. Unsere Zuneigung, unser Zartes dagegen muß im Reich der kämpferischen Nachahmung als Kriegslist gelten (wie Stammesgesellschaften fremde Frauen als Beute oder Gabe begehren, der Raub einer der eigenen Frauen ihnen aber als Demütigung, Niederlage und Kriegsgrund gilt).

Naomi saß reglos am Tisch. Ihre Augen wanderten in viele schwer erkennbare Richtungen.

II.

Das Nationale Palastmuseum der Republik Taiwan besitzt die schönste und größte Sammlung chinesischer Kunst auf der Welt. Es ist untergebracht in einem geschmacklos-megalomanischen Gebäudekomplex in den taiwanesischen Dschungelbergen, ein wenig außerhalb der Hauptstadt Taipeh. Eine Kolossalstatue Tschiang Kaischeks, hinter der Wolken durch einen sehr blauen Tropenhimmel ziehen, erwartet uns am anderen Ende langer Treppen- und Rampenfluchten, von denen man, aus dem gekühlten Bus auf den Museumsvorplatz getorkelt, nicht glaubt, daß man sie in der feuchten Hitze lebendig überqueren kann.

Im Innern sind Museum und nationale Mahn- und Gedenkstätte nicht klar voneinander unterscheidbar. Die

Einsamkeit jener gemalten Herbstlandschaft auf einer Bildrolle, vor der ich lang stehenblieb (die Dächer des Herbergsdorfes rechts oben, hinter dem schon ganz winterlichen Bergsturz, in einem düsteren Herbstnachmittag aus dem dreizehnten Jahrhundert) ist in ungewollt surrealistischer Manier neben nationalpropagandistische Statuen-, Flaggen- und Schautafelinstallationen gesetzt, als Staffage mißbraucht. Squashfeldgroße Perserteppiche, mit an Ständern hängenden Seidenkordeln eingezäunt, liegen vor martialischen Herrscherportraits.

In der Herbstlandschaft in der Vitrine jedoch, in den zittrig gemalten Betrachtungshütten über jenen Papierwasserfällen oder an den Tuschesteilküsten mittelfeldgroßer undefinierter Wasserflächen scheine ich schon lange gewesen oder jetzt immer noch zu sein, fast gleichberechtigt mit allen, die durch die Jahrhunderte dort eingetreten sind (»ein schreibkundiger Reisender aus barbarischen Ländern« flüstert es in einem chinesischen Geisterraum).

III.

»12.15«, steht im Urlaubstagebuch, »im (ziemlich schmierigen, aber das ist hier Standard) Museumsrestaurant schöne Studienmöglichkeit des asiatischen (konfuzianischen?) Frauenverhaltens. Ein hübsches chinesisches Mädchen ist mit ihrem amerikanischen Boyfriend, ihrer Mutter und ihrer Großmutter unterwegs. Sie hat den ›konfuzianischen Frauenstupor‹ eingenommen, den ich an japanischen Frauen in offiziellen oder sonstwie unbehaglichen Situationen so oft gesehen habe: aufrechtes

Sitzen mit zurückgezogenen Schultern, ausdrucksloses Vor-Sich-Hinstarren (wobei man immer das Gefühl hat, unter den halbgeschlossenen Augenlidern hervor genau beobachtet zu werden), Reg- und Wortlosigkeit, starres Lächeln. Abgang Oma und Mama aufs Klo. Verwandlung. Hinwendung zum Boyfriend, dekoratives Legen des Armes auf eine entfernte Ecke des Tischs, Stützen des Kinns auf die halbgeballte Faust, angeregtes Plaudern, auffordernd-träumerisches Starren ins Boyfriendgesicht, Wiederauftritt Oma und Mama, freeze.«

IV.

Am Fuß des Abhangs, auf dessen halber Höhe das Nationale Palastmuseum von Taiwan steht, gibt es eine Bar, in die es mich am frühen Nachmittag auf der Suche nach einem Bier verschlagen hat. Sie gehört zu einer Art gebührenpflichtigem Fischteich, einem rechteckigen Betonbecken voll dreckigem Wasser, um das herum Chinesen sitzen und Krebse angeln. Alle paar Minuten hängt ein handspannengroßes, graudurchsichtiges Tier irgendwo um das Becken an einer Rute, wird hervorgezogen, vom Haken genommen und bekommt die noch ganz dünnen, in der Länge aber schon ausgewachsenen graublauen Scheren ausgerissen, damit in der Netztrommel im Wasser, in der schon einige Unglücksgenossen frischgehalten werden, keine Kämpfe ausbrechen. Hat ein Angler genug, zieht er diese Trommel aus dem Teich und bezahlt ihren Inhalt nach Gewicht an einer Kasse am Hang, wo man auch Köder bekommt und Angeln ausleihen kann. Ein verlassener Flipper steht in einer Ecke herum.

Die Bar am Fischteich wird beaufsichtigt von einem noch nicht zwanzigjährigen Mädchen, das hinter dem Tresen sitzt, so leidenschaftlich in ein Buch vertieft, wie es einem, wenn man nur ein bißchen älter ist, kaum mehr zustößt. Daß ich ein Bier will, bringt sie und mich in die Situation zweier nicht unsympathischer Fremder, die plötzlich miteinander tanzen sollen. Sie fühlt sich einerseits gestört, findet es andererseits interessant, daß hier ein Ausländer sitzt, wird ein bißchen rot, kann ein bißchen Englisch, lächelt sehr hold, und nachdem meine Dose vor mir steht und ich mein eigenes Buch zurechtgelegt habe, tauschen wir den komplizenhaften Blick zweier einander sympathischer Leser, die sich jetzt trotzdem in etwas ganz anderes vertiefen müssen.

Der tropische Nachmittag rückte vor. Die Sonne schien auf das halbdurchsichtige Dach aus Wellplastik, das Teich und Bar gegen den Monsunregen abdeckt. Schmetterlinge flogen um die Rankengewächse an den Eisenpfosten. Krebse wurden aus dem Wasser gezogen. Die Bilder in der nationalen Museumsruhmeshalle standen still. Ich wollte noch ein Bier und mußte meine Mitleserin wieder zum Tanz durch den großen Saal des Aufmerksamwerdens, Englischsprechens, Errötens, Lächelns und Augenzwinkerns bitten. Schließlich stand ich auf und sagte »Thank you. Goodbye«, weil ich mir das Rollbild mit der Herbstlandschaft ein letztes Mal ansehen wollte. Ein Lächeln, Stolz auf Englischkenntnisse, auf die Meisterung einer für eine chinesische Achtzehnjährige nicht ganz alltäglichen Situation, auf sich selbst, auf das Museum am Hang, auf Taiwan, vielleicht auch auf die unverhoffte Lesegemeinschaft mit einem fremden Besucher, ein Lächeln ohne alle Förmlichkeit – ich hatte in einem Jahr Japan vergessen, daß es das gibt – begleitete mich den weiteren Nachmittag hindurch.

Ich verbrachte noch einmal eine Viertelstunde in Betrachtung der Spätherbstherberge rechts oben in jenem Rollbild und träumte an der Vorstellung herum, dies sei ein Ort, an dem ich mich mit einem ungeborenen Kind oder mit meiner toten Mutter treffen könnte. Ich dachte später, in Lektürepausen in der Flughafencafeteria, an Naomi, an das Mädchen in der Fischteichbar und an eine Stelle in Jürgen Habermas' Aufsatz »Die Einheit der Vernunft in der Vielzahl ihrer Stimmen«, die etwa lautet, das einzige, was uns aus einem Meer des Entsetzens retten könne (Habermas hat es sicher nicht so formuliert, aber so erinnere ich mich an die Stelle), sei die kleine, schwache Nußschale einer aus Kommunikation hervorgegangenen Vernunft.

Dann flog ich zur nächsten Station meiner diesjährigen Reise in den Heimaturlaub: über den nächtlichen Ozean nach Hongkong, wo andere Geschichten und Überlegungen auf mich warteten.

Sirenen

I.

Im späten August aus Europa in ein feuchtwarmes Tokyo zurückgekehrt (die Sonne scheint mit niederschmetternder Gewalt, der Wind riecht nach Blüten, Verwesung, Meer, und die Zikaden schreien), kann ich nicht aufhören, über Maschinen nachzudenken.

Den Sommer in Deutschland war ich wöchentlich einmal nahe daran, mir einen buchgroßen Schreibcomputer anzuschaffen; jedesmal war ein äußerer Umstand oder eine innere Reserve gegen ein solches Gerät (von dem mir während dieser Zeit sogar mehrmals geträumt hatte) dazwischen gekommen. Jetzt ist es wahrscheinlich zu spät: In Japan scheint es schwierig, Apparate mit Umlaut- und Eßzett-Tasten zu bekommen, und ich habe keine Lust, diese Zeichen durch die Software erzeugen zu lassen und jedesmal, wenn ich ein ä oder ein ö schreiben will, mehrere Tasten drücken zu müssen.

Auch beobachte ich, seit es heuer Frühherbst geworden ist, eine sehnsüchtige Faszination durch schwere Motorräder an mir (eine Träumerei, die mir seit meiner Pubertät ganz abhanden gekommen war). Wenn ich mich auf meinem Fahrrad schweißüberströmt zwischen zwei Berufsterminen durch Tokyo bewege, denke ich darüber nach, wie es sich jetzt auf einer großen Honda oder Yamaha säße, die an den kilometerlangen Staus so schnell vorbei wäre wie ich auf meinem durch Körperkraft betriebenen Gefährt, bald jedoch, auf der Autobahn oder auf leeren Nebenstraßen durch eine japanische Landschaft, monumental mit mir dahingleiten würde.

Gelehrte Freunde, denen ich von meinen Stimmungen erzählt habe, wußten mich nun noch für den bisher immer verschmähten »Anti-Ödipus« von Deleuze und Guattari zu interessieren, und dieses Buch vollends hat mein Maschinengegrübel bis in meine Träume hinein angeheizt. Fast eine ganze Nacht hindurch war ich neulich in einen in der Hitze nicht sehr tiefen Schlaf von dem Fragebild verfolgt, ob man denn wirklich jede Konstellation disparater Gegenstände (Wolken, Wind, Vögel vor dem Fenster; Blumentopf, Zimmerpalme, ich; Baby und Mutterbrust) als Maschine ansehen lernen sollte – um so die Spaltung von Ich und Nicht-Ich, das Subjekts- und Individualitätsparadigma zu umgehen, zugusten einer fröhlichen Wissenschaft allgemeiner Sinnverausgabung.

Auf nicht ganz greifbare Weise scheint mir dabei dieses Maschinenthema (in dem sich eine der Obsessionen konstelliert zu haben scheint, die mich zu einem Aufsatz wie dem vorliegenden zu führen pflegen) unterirdisch (»rhizomatisch«) zusammenzuhängen mit der Tatsache, daß meine Frau und ich vor ein paar Wochen ein Baby bekommen haben. Es könnte nun zumindest das Äugeln mit einem Motorrad dadurch erklärbar sein, daß mein neu erworbener Familienvater-Status phallisch-pubertäre Phantasien an die Oberfläche meines Bewußtseins emporgelockt hat, die lang nicht mehr virulent gewesen sind. Aber das allein, soweit kenne ich mich mit meinen essayistischen Obsessionen inzwischen aus, ist es nicht. Zum Anlocken so vieler Gedanken, Lektüren, objektiver Zufälle bedarf es einer tieferen und allgemeingültigeren Konstellation, eines in der Tokyoter Luft liegenden Problemsternbilds, das für mein Leben hier gerade zugänglich ist, sich aufdrängt, bedacht, begrübelt, beträumt und beschrieben sein will.

★

Unmittelbar nach der Geburt bekommen Kinder verschiedene Spritzen, Behandlungen und Abreibungen verpaßt, bei deren Hinnahme ich meinem Sohn – da ich sowieso nicht viel anderes zu tun hatte, nachdem meine Frau erschöpft eingeschlafen war – beizustehen entschlossen war. Und so erlebte und erlitt ich mit, wie seine maschinenhaft voraussehbaren und tatsächlich von der Krankenschwester und den Ärzten längst erwarteten Reaktionen, Erfordernisse und Bedürfnisse von vielfältiger Maschinerie zum Absaugen, Wärmen, Einspritzen, Beatmen, Ernähren begrüßt wurden.

Am Morgen nach einer Geburt läßt die Nähe der eben überstandenen Grenzsituation die meisten Eindrücke unvergleichlich erscheinen: die Sonne im Baum vor dem Fenster, das beruhigend autoritative Gesicht des Arztes, das Sich-Schließen der Weltoberfläche, die durch den Einbruch des Schmerzes während der Nacht zerrissen war. Wie sehr aber all dies Natürliche beeindruckend ist (um das am wenigsten dramatische Wort zu wählen), so ergriff mich die Leichtigkeit noch mehr, mit der mein noch keine Stunde alter Sohn sich nun der Geburtshilfe-

Technik hingab, sich von ihr verzehren ließ. Kein Gedanke, kein Fühlen, kein Zögern, keine Verlangsamung war zwischen einem Reiz und dem dazugehörigen Reflex und die Kraft meines Kinds, so klein sie sein mochte, von derselben katastrophisch-verhängnisvollen Unmittelbarkeit wie die eines startenden Düsenflugzeugs (das einzige Mittel gegen die Todesangst ist in der Startminute bekanntlich die bewußte Hingabe an die übermäßig-sinnlose Kraft, die einen jetzt mitnimmt und nicht mehr mit sich diskutieren läßt).

Objektiver Zufall wiederum wollte es, daß Neugeborenen von allen Körpergegenden gerade aus der Ferse Blut abgenommen wird. Das emotionslos der Welt hingegebene Babygesicht hatte sich bei der Berührung des Fußes mit desinfizierendem Alkohol leicht verzogen. Nun, als der Einstich erfolgt war, löste sich nach der Zeit, die das Nervensystem zur Verarbeitung des Schmerzreizes braucht, nach vielleicht einer Sekunde, ein Schrei aus der äußersten Tiefe des stundenalten Daseins, ein Sich-Wehren, Rotanlaufen, Schlundaufreißen, ein Zittern, Krampfen, Mit-den-Armen-Rudern, kein Weinen, sondern eine Existenzkrise, an der so viele Warn- und Abwehrfunktionen beteiligt waren, als ginge es um Leben und Tod. Aus einem Maschinenteilchen, einer Teilmaschine hatte sich mein kleiner Sohn übergangslos in einen heroischen Krieger verwandelt, von dessen kompromißloser Tapferkeit ein Stonehenge- und Dschungelgefühl ausging.

★

Es ist im späteren September in Tokyo, auch wenn es nachts schon herbstlich abkühlt, mittags noch so heiß und feucht wie in Deutschland nie. Da ist es, wenn ich, wie es mein Job manchmal erfordert, in der Hitzes des frühen Nachmittags am Bahnhof Shinjuku vorbeifahre, eine Wohltat, zu ein paar Partien in einen der gekühlten Spielsalons zu flüchten, von denen hier einer neben dem anderen liegt. Piepsen, Jaulen, Klackern, tiefe Computer-Höhn-Stimmen, die einen gegen die Maschine Verlierenden ärgern, anstacheln, aus dem Konzept bringen sollen, Explosionsgeräusche, Tonleitern, Schüsse, Sirenen, elektronisch verzerrte Kinderlied- oder Schlagerfragmente, das bunte Bildfeuer aus zwei Dutzend Videospielautomaten umgeben mich.

In einem Reservat für ältere Herrschaften wie mich sind noch zwei oder drei der mechanischen Automaten aufgestellt, an denen seit dem Ende der siebziger Jahre meist nur noch aus nostalgischen Gründen gespielt wird (oder, neuerdings, vielleicht, weil die Sixties wiederkommen): Flippermaschinen, wesentlich schöner, komplizierter und phantasiereicher ausgestattet als die zu meiner Zeit, mit wunderbar energischem Schußmechanismus und völlig zuverlässiger Tiltautomatik, die einen streng zur Beschränkung auf kleinste Bewegungen der Hand zwingt, in jene merkwürdig erholsame Nervenfolter hinein, die nach zwanzig verflipperten Minuten keinen Gedanken im Kopf mehr zurückläßt.

Meine Lieblingsmaschine in meinem Lieblingssalon in diesem Herbst ist eine wunderbar tückische nagelneue »Sankyo« mit Dschungel-Thematik, Tarzan-Gebrüll, aufleuchtenden Affenaugen und Orchideenblüten, Schlangen, einer rotierenden giftgrünen Scheibe in der Mitte des Spielfelds, die dem Ball beim Darüberlaufen schwer berechenbare Schlingerbewegungen mitteilt, dazu mit der Eigenschaft, bei hohen Punktkontoständen selbsttätig bis zu drei neue Kugeln ins Spiel zu schleudern, die dann wieder minutenlang in unscheinbaren Bereitstellungsvertiefungen darauf lauern, daß man sie vergißt, um in genau dem Moment nach unten zu stürzen, in dem man sowieso schon alle Hände voll zu tun hat, den abgeschossenen Ball im Spiel zu halten.

★

In der frühen Nacht, wenn ich auf meinem Rückweg wieder hier vorbeikomme, hat ein anderes Maschinenspiel die Gegend übernommen, Patchinko, ein Handgelenksport, der sich im Japan der zwanziger Jahre von der aus Chicago eingeführten Vorläufermaschine des Flipperautomaten abgespalten und hierzulande eine eigene Entwicklung genommen hat. Die Patchinkosalons leuchten von weitem den Weg. Industriestarkes Neonlicht wird von Wand- und Deckenspiegeln, vom sehr sauberen Fußboden, von metallglänzenden Säulen, Türrahmen, Schaufensterleisten auf den Bürgersteig geworfen. Beim Näherkommen tönt ein kompakter Rhythmuslärm zwischen den automatischen Schiebetüren hervor, die sich vor den ein- und austretenden Spielern alle paar Sekunden zurückziehen und schließen: ein Lärmpulsen, zusammengesetzt aus Popmusik, aus dem elektronisch verstärkten Anfeuerungsmonolog eines Moderators, der zwischen den Maschinenreihen auf- und abgeht, dem Dröhnen, Fiepsen, Rattern der durch die Automaten fließenden Ströme blinkender Metallkugeln von der Größe kleiner Murmeln. Wenn es dem Spieler gelungen ist, den Apparat durch das Treffen schwer erreichbarer Zentralbereiche, die durch bogenförmig in die Grundplatte geschlagene Nagelreihen versperrt sind, zum Kugelspeien zu veranlassen, sammeln sich diese Kugeln unter der Maschine in einer kleinen Plastikwanne. Man kann sie schließlich zu einer Zählmaschine tragen, worauf sie an einer Warentheke in überaschend banale Einzelhandelsprodukte eingetauscht werden: Kekse, Zigaretten, Waschmittel, Kugelschreiberminen.

Es herrscht eine Atmosphäre schwerer Manufakturarbeit. Patchinko ist viel schwieriger als Flippern. Meine eigenen Versuche, es zu spielen, endeten mit dem zügigen Verschwinden erstaunlich teurer Ballkontingente in den Tiefen der Maschine, die gleichsam gelangweilt ein- oder zweimal aufleuchtete und vielleicht ein Dutzend Gewinnkugeln ausschüttete. Dabei habe ich oftmals Japaner einem Automaten fünf oder sechs kugelgefüllte Wannen entlocken gesehen. Bei der dafür erforderlichen, mir völlig unbegreiflichen Geschicklichkeit geht es, wie man mir sagt, um nanomillimeterpräzises Aufdrehen des Kugelschußhahns an der rechten Seite der Maschine, um strategisches Können, vor allem aber um einen durch lange Übung zu erwerbenden Blick für die (durch nachts arbeitende Spezialisten immer wieder veränderte) Konstellation der verschiedenen Nagelfiguren auf den senkrechten Spielfeldern. Einfühlung in die Maschine, schon beim Flippern nicht unwichtig, ist bei guten Patchinkospielern zu einer physiognomisch-motorischen Vertrautheit mit dem Mechanismus gesteigert, zu wirklicher Maschinenempathie.

★

Der Futurismus hatte die Maschine als das wichtigste Bild der Individuationsauflösung an die Stelle der Natur gesetzt. Die Sehnsucht über die Grenzen der bürgerlichen Subjektivität hinaus setzt sich seither nicht mehr das Naturschöne und -erhabene als Fluchtpunkt vor, sondern dämonisierte Maschinen. Mein Auto fährt auch ohne Wald, weil das Auto der Wald ist: Es erscheint als eine nicht mehr hintergehbare Manifestation des Elementaren (die besten Autos heißen wie Raubtiere). Die Maschinen sind die Helden. Die Verführung ist eine Maschine. »Hamletdarsteller: Ich will eine Maschine sein.«

Reflexleitung und elektrische Leitung waren in Aby Warburgs Vortrag über das Schlangenritual als ursprünglich und zukünftig drohende Chaosgestalten unkontrollierter und unbegrenzbarer Zwangsverknüpfung geschildert, als vor- und außergeschichtliche Monstren, deren Automatik sich das bürgerliche Subjekt für einen kurzen weltgeschichtlichen Moment entwunden hatte. Sie sind jetzt ununterscheidbar geworden.

»Die Naturgewalten werden nicht mehr im anthropomorphen oder biomorphen Umgang gesehen, sondern als unendliche Wellen, die unter dem Handdruck dem Menschen gehorchen. Durch sie zerstört die Kultur des Maschinenzeitalters das, was sich die aus dem Mythos erwachsene Naturwissenschaft mühsam errang, den Andachtsraum, der sich in den Denkraum verwandelte.«

★

Nach einer halben Stunde Pinball aus einem der Salons in Shinjuku treten. Manchmal ergibt sich jetzt ein Ursprungsaugenblick. Ein paar Minuten lang sind Gesichter, Geräusche, Lichter, ein einzelner Baum so wirklich wie nie. Während anderer Momente hier ist die Auflösung in den Ursprung als dämonische Maschinenerotik bedrohlich nah (an einem sehr frühen Morgen das Fluten schweigender Menschen durch die viehherdenbreiten Korridore, schöne und häßliche Gesichter so leer wie die von Tieren, keine Gespräche beleben das Dröhnen der Absätze auf dem Linoleum, das sich in eine Büffelprärie verwandelt hat).

Die traditionelle Stadt hatte eine Ordnung von Separation und Distinktion geschaffen, die nur durch die Revolution durchbrochen werden konnte. Der Sturm aufs Sommerpalais ist auf den Straßen von Tokyo in Permanenz ausgerufen. Flauberts Beschreibung der Tuilerienplünderung 1848 in der »Éducation sentimentale« trifft keine heute noch mögliche Erfahrung so genau wie die Stimmung in Shinjuku am Samstagnachmittag. »Eine obszöne Neugier erwachte, alle Kabinette, alle Winkel zu durchstöbern, alle Schubladen aufzusperren, Galeerensträflinge vergruben die Arme in die Kissen der Prinzessinnen und torkelten darüber, zum Trost, daß sie sie nicht schänden konnten. Andere, mit unheilvollen Mienen, irrten schweigend umher und suchten etwas zu stehlen;

aber es waren zu viele Menschen da. Durch die Türluken sah man in den Reihen der Gemächer nur die dunkle Masse zwischen den Goldleisten, unter Staubgewölk. Allen keuchte die Brust. Die Hitze wurde immer betäubender. Die Freunde verließen die Säle, aus Furcht zu ersticken.«

Die Ordnung der Stadt ist nicht haltbar gewesen. Das zitiert die Maschinenmetapher herbei, die Poesie eines Netzwerks, dessen Elemente auf Kurzschlußwegen, ohne sich in die zentrale Sinn-Avenue einzuordnen, ohne den Dienstweg der Ideenbürokratie einzuhalten, Verbindungen und Gespräche miteinander anknüpfen, Bilder, Träume, Unbewußtes produzieren. Sowenig Subjektives, sowenig Individualgeist ist in den Verbindungen dieser Aggregate wie in dem Stromnetz, das Tokyo in alle Richtungen bis in den letzten Winkel durchfährt, wie im Schaltungsinnenleben eines Computers, wie zwischen dem Helden und seinen Taten (seinem Tod).

Deleuze und Guattari scheinen Denken und Einfälle-Haben miteinander zu verwechseln. In der Weltstadt haben sie recht bekommen. Uns gelingen bestenfalls Einfälle zu ihr. Ich kann Tokyo nicht denken. Ich gehe in Shinjuku umher, und alles hat mit allem zu tun. Ein japanischer Motorradfahrer in schwarzem Leder auf einem Harley-Nachbau von Honda, einen Stahlhelm der deutschen Wehrmacht mit SS-Runen auf dem Kopf. Der ältere Herr, der eine Golfschlägertasche mit dem Aufdruck »Greensboro Club Tennessee« durch einen neonerleuchteten unterirdischen U-Bahngang trägt. Ich glaube, mir wird schlecht. Ich glaube, ich muß bald weg hier. »Die Freunde verließen die Säle, aus Furcht zu ersticken.«

II.

Über den vorstehenden Notizen, die ich auf meinem inzwischen wirklich angeschafften Notebook-Computer abgetippt habe, ist es in Tokyo wieder Herbst geworden. Die Stadt liegt unter einem weißlichen Regenhimmel. Im Ausländerviertel, durch dessen Villengassen ich zur Arbeit gehe oder meinen Sohn spazierentrage, brütet die Traurigkeit meines trügerischen, für eine kurze Zeit durch Isolation, Überstunden, Kleinfamilienleben erkauften Reichtums.

Helden, Revolutionen, Maschinen sind nicht zu bemerken. Zwischen großen Bäumen steht die Nishimachi International School, ein Fachwerkbau aus dem vorigen Jahrhundert. Treppen führen zu tiefergelegenen Sträßchen hinab, als wären wir in Paris oder in Stuttgart. Zweige hängen aus einem Garten über eine gebogene Gasse. Das japanische Holzhaus dahinter ist schon verlassen und wird nicht mehr lange stehen. Eine neugotische Kirche ist ganz mit Weinlaub bedeckt. Der Blick unserer Nachbarin, der ich beim Spazierengehen begegne, Augen, in denen Langeweile und Lebensangst sich in stille Panik verwandelt haben.

Hierher sind wir aus Tokyo geflüchtet. Wo man aus Angst hingeht, sind Angst und Gefahr schon. Und dazu jene sehnsüchtige Traurigkeit aus den siebziger Jahren, die Traurigkeit darüber, daß die Indianer noch fern sind. Die romantischen Hoffnungsphantasmen (ein Schiff wird kommen; die Barbaren stehen vor dem Stadttor; die Literatur wird wirklich; die Arbeiterklasse siegt) stellten die Vereinigung mit etwas von uns Abgespaltenem in

Aussicht. In unserem Viertel lassen wir Tokyo nicht zu uns herein. Wie könnte ich das Rasen der Lichter und Maschinen, den Vermehrungsirrsinn, die unbeschränkte Verbindung aller Vorstellungen, Bilder, Begriffe miteinander (eine Verbindung, in der sie alle untergehen), wie könnte ich die dämonisch maschinelle Verführungskraft Tokyos in mich einlassen? Ich bin kein Held. Ich habe Angst vor der Revolution, deren Teil ich bin.

In meinem Erinnerungsbild an die Zeit in Tokyo werde ich mich (merkwürdigerweise von oben, wie aus einem lautlosen Hubschrauber, der ein wenig links von mir fünfzehn Meter hoch im Himmel steht und von dessen Flügelschlagen nicht die geringste Luftbewegung zu spüren ist) mein Fahrrad durch den Zentralfriedhof der Stadt schieben sehen, auf einer der kleinen geraden Straßen dort. Mein neuer Notebook-PC liegt im schwarzen Drahtkorb hinter mir. Er enthält mein Erinnerungsbild an die Zeit in Tokyo. Es hat gerade geregnet (der Ozean ist nur ein paar Kilometer entfernt). Wo ich nicht bin, ist die Wirklichkeit.

III.

I have heard the mermaids singing, each to each.
I do not think that they will sing to me.

T. S. Eliot

Unerwartet früh hat mich in diesem Jahr herbstliche Melancholie ergriffen, ein Bedürfnis nach Stadtwanderungen, wenn es dunkel wird. Vor einem Tempel unweit der amerikanischen Botschaft, in dessen Hof ich am letzten Samstagnachmittag unter einem Ginkgobaum in der Sonne gesessen hatte, wurden in der Dämmerung von einem alten Mann Holzflügeltüren geschlossen, als sei es für immer.

Eines Sonntagmorgens bin ich an die große Kreuzung von Roppongi gekommen. Ein hellgraues Licht liegt über der Stadtautobahn und der Himmel über dem Expressway ist weiß wie ein Blatt Papier. Um diese Zeit habe ich das Trottoir für mich allein. In meinem Lieblingsplattenladen kann ich sämtliche Titel von »Top of the Pops« an der Kopfhörertheke als einziger Kunde komfortabel durchhören. In einem Kaffeehaus, wo ich mein Notebook auf einem Marmortischchen neben meiner Tasse aufgestellt habe (als säße ich in einer Computerwerbung) spielt Barockmusik. Elegant gekleidete Japanerinnen lesen in kleinen Büchern. Draußen rauscht der Verkehr.

Die Unterseite des Expressways sieht wie eine Quaianlage aus: eine Betonkonstruktion, die unentwegt der Brandung ausgesetzt ist. Regenwasserabflußrohre zur Entwässerung der oberen Fahrbahn führen in Gullies hinunter. Stahlträger sind durch kaffeetassengroße Nieten miteinander verbunden. Wasserschlieren laufen an den Pfeilern herab. Stammesgeschichtliches Erinnerungserbe erlaubt uns nicht, starken Straßenlärm so zu hören, wie er wirklich klingt. Er spricht zu unseren Reflexen mit der Stimme des für unsere Vorfahren schlechthin Überwältigenden; er erscheint uns als Meeresrauschen. Das Meer ist die Titanenmaschine, die alles mit allem verbindet, auf deren Grund wir sinken, wenn wir in solchen Begegnungen untergegangen sind. Wir können die Maschinen um uns nur mit dem Fernstliegenden vergleichen. Unser Bewußtsein verfährt unwillkürlich nach der »Weisheit des Märchens, daß die Geschichte der Menschen von der Geschichte der Tiere (Pflanzen, Steine, Maschinen) nicht getrennt werden kann außer um den Preis des Untergangs« (Heiner Müller). In diesem Märchenwissen (in Tokyo, glaube ich, begreift man es instinktiv) ist der Materialismus eingegangen in den Erzählungsschatz der ersten Menschen. Das erste und das letzte Wort der Maschinenmythen aber besagt, daß wer so leben will wie ich, abgeschafft wird. »In demselben Grade, in dem sich die Individualität auflöst, verringert sich der Widerstand, den der Einzelne seiner Mobilmachung entgegenzusetzen vermag. Immer wirkungsloser verhallt der Protest, der der privaten Sphäre entsteigt« (Ernst Jünger); das Ziel ist »die Einheit von Mensch und Maschine, der nächste Schritt der Evolution« (Heiner Müller).

Es ist wieder Samstagmorgen. Die Hochautobahn liegt im Herbstdunst. Ich bin auf dem Weg zu meinem Schreibkaffeehaus. Mich quält die Sehnsucht, einer Verführung nachzugeben, die ich nicht verstehe. Als könnte ich mich hier in ein Tier verwandeln, in eine Maschine. Aus dem Rauschen und Donnern unter dem Highway löst sich, hörbar schon in weiter Entfernung, alarmierend noch als fast unmerkliche Geräuschanmutung, die verminderte Quint eines heranrasenden Polizei- oder Arztautos. Ein animalischer Schrecken löst sich aus dem Maschinenlärm und dringt einen Moment hinter meine Abwehr. Nichts in mir kann ihm eine Antwort geben. »I shall wear white flannel trousers, and walk upon the beach.«

Kanemarus Haus

Die Augen auf das Schloß gerichtet, ging K. weiter, nichts sonst kümmerte ihn. Aber im Näherkommen enttäuschte ihn das Schloß, es war doch nur ein recht elendes Städtchen, aus Dorfhäusern zusammengetragen, ausgezeichnet nur dadurch, daß vielleicht alles aus Stein gebaut war; aber der Anstrich war längst abgefallen, und der Stein schien abzubröckeln. Flüchtig erinnerte sich K. an sein Heimatstädtchen; es stand diesem angeblichen Schlosse kaum nach. Wäre es K. nur auf die Besichtigung angekommen, dann wäre es schade um die lange Wanderschaft gewesen und er hätte vernünftiger gehandelt, wieder einmal die alte Heimat zu besuchen, wo er schon so lange nicht gewesen war.

Franz Kafka

An einem Sonntagmorgen bin ich auf dem Rad zu Shin Kanemarus Tokyoter Haus gefahren. Es liegt ein paar Ecken von unserem entfernt, ein mit Backsteinen verblendeter Betonbau. Neubarockes Gitterwerk schützt die Fenster. Nikotingelbe Florgardinen hängen hinter den Scheiben, und auf dem Innensims steht eine Kollektion silberner Sportpokale. Kanemaru ist Generalsekretär und zuletzt eine Art graue Eminenz jener ihrem Namen nach »liberaldemokratischen« Partei gewesen, die in Japan vierzig Jahre lang an der Regierung war, einer in Wirklichkeit ideologisch ganz neutralen Machterwerbsorganisation, zusammengesetzt aus Seilschaften unterschiedlicher Klientelen in Kapital und Bürokratie.

Er ist nicht mehr in seinem Haus. Er sitzt im Gefängnis, wo er zu Vorwürfen vernommen wird, er habe exorbitante Geldsummen von Wirtschaftsunternehmen angenommen und keine Einkommenssteuer dafür bezahlt, eine Praxis, die zum Funktionieren des japanischen Staatsapparats seit Jahrzehnten gehört und unter regulären Umständen keinen seiner Funktionäre ins Gefängnis gebracht hätte.

Dies aber sind keine regulären Umstände mehr. Und schon vor Morihiro Hosokawas Wahlsieg (zu dem die Veröffentlichung des Kanemaru-Skandals viel beigetragen hat) war der »Königsmacher« der LDP zuletzt so mächtig geworden, daß er das in vierzig Jahren Alleinherrschaft seiner Partei mühsam austarierte Gleichgewicht ihrer internen Machtkartelle zu zerstören drohte und im wohlverstandenen Interesse des Ganzen beseitigt werden mußte.

Seit er nicht mehr zu Hause ist, haben sich auch die Journalisten und die Fernsehübertragungsautos verzogen, die zuvor wochenlang, auch nachts, in der kleinen Straße darauf lauerten, ob die Ermittlungsbehörden Kanemaru abholen lassen würden oder nicht. Sogar den Polizeiposten auf der gegenüberliegenden Straßenseite hat man inzwischen wegbeordert. Manchmal bleiben Japaner vor dem Haus stehen und zeigen einander die Backsteinfassade mit dem altdamenhaft spießigen Rankengitter vor den Fenstern, der merkwürdig femininen Ausstrahlung: ein Haus, das jetzt zum Herz der Finsternis geworden ist. Denn nachdem er zuletzt dann doch verhaftet worden war, fand man in Kanemarus Haus Goldbarren, Bargeld und Staatsanleihen im Wert von fünfzig Millionen Dollar, in seinem Abgeordnetenbüro etwa noch einmal soviel. Kanemaru hatte es offenbar gar nicht für nötig gehalten, diese Summen irgendwie in Sicherheit zu bringen – Bestechungsgelder vor allem von Baufirmen und sicher nur ein Bruchteil der Beträge, mit denen er zu Haus und im Büro hantierte, als er noch nicht täglich mit seiner Festnahme hatte rechnen müssen.

Eine sinistre Anmutung geht von der ranzigen Vornehmheit des Anwesens aus, seit man dies alles in der Zeitung lesen kann. Man hängt Träumereien über die krasse Unmittelbarkeit nach, mit der hinter jenen Backsteinmauern der Spitzenfunktionär einer hochbürokratisierten Staatsverwaltung sich selbst bereichert und die von ihm Abhängigen mit Zuteilungen von Geldscheinbündeln und Goldbarren dirigiert hat. Besonders die Goldbarren haben es der Phantasie angetan und verleihen der Affäre mythische Prägnanz. Goldbarren sind ziemlich schwer, stelle ich mir vor. Dort hinter den angegilbten Vorhängen hat Kanemaru einem jungen Parlamentsabgeordneten ein paar in die Hand gedrückt, mit einem Klaps auf die Wange und einem ganz besonderen Auftrag (der junge Mann hat beim Abschied eine Verbeugung fast bis zum Boden gemacht und dem Paten sofortigen Vollzug versprochen, Kanemaru vielleicht die sogar Hand geküßt, doch halt: so etwas machen Japaner gar nicht – meine Phantasie ist schon tief in Coppolas »The Godfather« hineingeraten).

Das Gruselige an Kanemarus Haus: daß es in den

durchrationalisierten Apparaten zur Verteilung der modernen Macht offenbar Fallrohre gibt, aus denen Monster der politischen Vorzeit kriechen, hervor aus Zeiten, in denen durch Vernunft nicht definierbare Zugehörigkeiten einmal Macht gestiftet haben: Familie, Dorf, Clan, Blutsbrüderschaft. Machttechnische Rationalität vermittelt nicht mehr zuverlässig das beruhigende Gefühl, die Bestie hinter Gittern halten zu können. Die Barbaren haben das World Trade Center erobert, in den Büros hinter den zerschlagenen Fenstern brennen Lagerfeuer.

Aber auch der alltägliche Akten-, Besprechungs-, Diktier- und Unterschriftsbetrieb scheint urzeitliche Energien plötzlich kaum mehr hintanhalten zu können. Von Sordini beispielsweise, dem Verwaltungsheroen, der in Kafkas »Schloß« den martialischen Gegenpol zum chtonisch-saturnischen Klamm markiert, heißt es, er sei »für den Angegriffenen ein schrecklicher, für die Feinde des Angegriffenen ein herrlicher Anblick«, und der Erzähler fährt fort, es sei ihm übrigens »noch nie gelungen, ihn mit Augen zu sehen, er ist zu sehr mit Arbeit überhäuft, sein Zimmer ist mir so geschildert worden, daß alle Wände mit Säulen von großen, aufeinandergestapelten Aktenbündeln verdeckt sind, es sind dies nur Akten, die Sordini gerade in Arbeit hat, und da immerfort den Bündeln Akten entnommen und eingefügt werden und alles in großer Eile geschieht, stürzen diese Säulen immerfort zusammen, und gerade dieses fortwährende, kurz aufeinanderfolgende Krachen ist für Sordinis Arbeitszimmer bezeichnend geworden«.

Kanemaru selbst freilich scheint noch bodenständigeren Machtsphären anzugehören als der heldische Sordini, der all seine Kraft in die winzigen Bewegungen des Schreibens, Blätterns und Lesens hineinzwängen muß; schreibend kann man sich Kanemaru eigentlich überhaupt nur schwer vorstellen. Seine Machtgeste ist der Wink, das Herabziehen der Mundwinkel, das verwischte Nuscheln, das sich nicht darum kümmern muß, ob man es versteht oder nicht. »Now you come to me and say, Don Corleone, give me justice. But you don't ask with respect. You don't offer friendship. Instead you come to my house on the day of my daughter to be married and ask me for murder for money« – immer, wenn ich Kanemaru in den Nachrichten sehe, spielt in meinem Kopf Marlon Brando den Gangsterboß Vito Corleone. Nicht anders, denke ich, haben die Feudalherren des europäischen Mittelalters gesprochen, oder die Daimyo der Tokugawazeit; auch an Saddam Hussein habe ich diesen gestischen Stil beobachtet, wenn er im Fernsehen kam: eine subliminale Botschaft sehr ferner Vorfahren.

★

Das tellurische Beharrungsvermögen der vorrationalen japanischen Machtwelt und die Bastarde, die sie mit den bürokratischen Systemen der Moderne zeugt, haben damals, als die Presse und die Justiz im Fall Kanemaru ausnahmsweise einmal ihre Arbeit machten, bei aufgeklärten japanischen Bekannten dieselben Gefühle der Ohnmacht, der Wut, der Scham ausgelöst, wie sie bei uns vor den großen bürgerlichen Revolutionen geherrscht haben müssen. Es mußte nun etwas geschehen, und es geschah: die LDP wurde abgewählt und Premierminister

Hosokawa schien eine Weile lang, in einer Art japanischer Perestroika, zivilisatorische Standards westlicher Politik in Japan einführen zu wollen. Als sei nicht die Mafia (archaische Lebenswelten haben sich in die Formen des modernen Verwaltungsstaats so unauffällig-»natürlich« eingekleidet, daß sie von ihm nicht mehr zu unterscheiden sind) in allen westlichen Gesellschaften längst schon an der Arbeit.

Der erste, entscheidende Teil dieser Arbeit ist geschafft, wenn die Systeme von Macht und Geld – nachdem sie die alteuropäischen Flausen von Bürgerherrschaft, Gemeinsinn, Solidarität stillschweigend archiviert und abgetan haben – die Loyalität der Massen, ja ihrer eigenen Mitglieder langsam und unauffällig verlieren. Hinter ihrer beruhigenden Langweiligkeit, ihrer aufreizenden Banalität (die derweilen unter der Hand immer unheimlichere, in manchen Momenten und Figuren fast dämonische Züge angenommen hat) nähert sich etwas.

★

In Zeiten des Machtwechsels (es ist ja, als hätten wir 1968 nur unsere Großväter besiegt; als gingen unsere Väter, unsere großen Brüder jetzt erst, nachdem wir so lange gewartet haben, ungeschlagen in den »wohlverdienten Ruhestand«; als hätten wir, ihnen ohnmächtig zusehend, inzwischen allen Mut verloren), in unseren Zeiten des Machtwechsels nehmen die sich neigenden Machtfiguren ein böses und zugleich sehr altes Aussehen an. Im Sinken trifft die Machthaber ein Licht aus der Vorzeit. Wir sehen erst in dieser Beleuchtung, wie gefährlich sie waren, wie schwach, wie fahrig sie jetzt sind. Ihre Bewegungen werden langsamer. Was wir ihnen lange nachgesehen haben, wird ihnen auf einmal zum Verhängnis.

Und in uns ist eine merkwürdige Unruhe entstanden. Eine Ungeduld, die mich vieles, woran ich gewöhnt war, plötzlich in jenem Urweltlicht sehen läßt. Eine sich in unerwarteten und unpassenden Momenten plötzlich bemerkbar machende Kraft ist zu spüren, jetzt noch bloß ein Zucken, ein Tic, ein unwillkürliches Grinsen zur Unzeit, eine Unlust, manchmal fast eine Art Lähmung. Wenn jedoch diese Kraft zu sich selbst käme, denke ich und sehe an Kanemarus Haus empor, würde sie uns in die Positionen tragen, die jetzt geräumt werden. Wie unseren versinkenden Oberen ist auch uns etwas schwer Kontrollierbares in die Glieder gefahren, etwas, das lange in uns auf diesen Moment gewartet hat.

*

Wer jeden Morgen um dieselbe Zeit auf dem Fahrrad dieselbe Strecke durch Tokio fährt, lernt allerlei Menschen kennen. Im Zentralfriedhof führt ein junges Ehepaar jeden Morgen sechs oder sieben Hunde aus. Wir grüßen uns, und wenn ich manchmal zu Fuß daherkomme, fragen sie mich immer, ob mein Fahrrad kaputt ist. Dann schnürt mir dort oft ein hagerer Mann im Angestelltenanzug entgegen, den ich bei mir den »verkrampften Leser« nenne, denn er hält sich stets ein Buch oder eine Broschüre vor das Gesicht, in die er sich gleichsam hineinkrümmt, wobei er ein vor Anstrengung verachtungsvolles Gesicht macht und den freien Arm an seine Hüfte preßt.

Mit einem dicken japanischen Mädchen, das mir fast jeden Tag auf dem Aoyama-Boulevard oberhalb des Friedhofs begegnet, stehe ich auf Grüß- und Zulächelfuß. Nicht so jedoch mit einer wahrhaft dramatischen westlichen Frauenerscheinung, die meist auf derselben Höhe des Trottoirs ihren Auftritt hat. Ich glaube, daß sie eine Deutsche ist. Vor allem deshalb, weil ich nur einem deutschen Mädchen einen derartig perfektionistischen Eifer im Erfüllen der Tokyoter Anforderungen an weibliche Büroeleganz zutraue. Das Lustige und Tröstliche an den japanischen Bürofrauen ist ja ihre kicherig-nonchalante Ironie gegenüber dem arbeitgeberseits offenbar von ihnen geforderten Prostituiertenoutfit: eine Art Cyndi-Lauper- oder Ronnie-Spector-Charme. Die schöne Passantin vom Aoyama-Boulevard dagegen scheint völlig ernst zu nehmen, wie ihr auf der Arbeit zu erscheinen zugemutet wird.

Kein Augenzwinkern, keine Selbstironie bremst die hochhackige Theatralik ihres kurzen, absurd engen Geschäftskostüms, ihres dramatischen Augenmake-ups, des manchmal kunstvoll lasziv zerzausten, dann wieder streng am Hinterkopf zusammengebundenen schwarzen Haars, während ich mich im Vorbeifahren bemühe, die richtige Mischung aus Diskretion und Bewunderung für ihre zweifellos hart erarbeitete und sorgfältig geplante Erscheinung in meinen – natürlich nicht gar zu ausführlichen – Blick zu legen.

Gegen neun Uhr morgens sind auf dem Tokyoter Trottoir die fünfziger Jahre wiederauferstanden, Marilyn Monroe, John F. Kennedy, »The Seven Year Itch«, die ganze Scheiße. Das Wahrheitspathos, das die Vorbilder meiner Generation gegen jene abgrundverlogene Zeit mobilisiert haben, tönt als kleine Geisterstimme in mir nach (vielleicht singt sie Bob Dylans Lenny-Bruce-Song aus »Shot of Love«; sie zieht die Vokale beim Reden so merkwürdig auseinander wie damals Rudi Dutschke; diese Stimme lebt noch irgendwo in meinem Kopf). Manchmal möchte ich sie beschwören, wieder so laut zu werden, daß jeder auf der Straße sie hören könnte. Vor zwei Wochen, als ich mit einer Grippe im Bett lag, hatte ich das Drehbuch zu Alain Tanners und John Bergers Film »Jonas, der im Jahr 2000 fünfundzwanzig Jahre alt sein wird« nach langer Zeit wieder einmal gelesen, vom Fieber geschwächt zu weinen angefangen und lang nicht mehr damit aufhören können.

*

Wenn ich nur wüßte, denke ich auf dem Weg zur Arbeit, warum ich mich so elend fühle, wenn ich eine Krawatte tragen muß. Vielleicht mit zwölf werde ich zum ersten Mal eine angehabt haben. Sie selbst zu binden, lernte ich erst später, und so war meine erste Krawatte ein Stoffstreifen, den man mithilfe eines »Clipmechanismus« im geschlossenen Kragenausschnitt befestigte. Auf einem Schwarzweißfoto von damals sitze ich, angetan mit dieser fake-Krawatte, an einer »Kaffeetafel« aus Anlaß irgendeines Großvatergeburtstags und rauche unter fachmännischer Anteilnahme meines Vaters und meiner Onkels eine meiner ersten Zigaretten. Krawatten waren schon damals nicht mehr uneingeschränkt üblich und die Erwachsenen, die mir imponierten, trugen bald schon keine mehr. Aber an dem Sonntagnachmittag auf dem Schwarzweißfoto war die Krawatte ein Symbol der Kooptation zu Vater, Großvater und Onkeln (»Du mußt trocken rauchen, nicht das Mundstück so naß machen«).

Die japanischen »Office-Ladies« haben ihre aufreizende Garderobe in der Disco zum ersten Mal ausprobiert. Röcke, Schuhe, Frisuren, Make-up, Strümpfe erinnern sie werktäglich an Ausgehcliquen, deren avancierteste Mitglieder schon mit ihrem Freund geschlafen hatten. Die Geschäftskleidung der männlichen Weltstadtbürger dagegen zitiert nicht einen der Jungs, die ich damals bewundert habe. Sie zitiert Pappa Hesselbach (sein japanisches, amerikanisches, britisches Äquivalent). Der Sklavenblick aus feinem grauem Tuch heraus auf den Vorgesetzten, der heute mit in den Sandwichshop um die Ecke gekommen ist (amerikanische Banker am Nebentisch in der Mittagspause). Das avantgardistische Krawattenmuster, als ob das noch etwas helfen könnte. Die frauenhaft feingliedrigen Finger, mit denen wichtigtuerisch gestikuliert wird.

★

Fast immer ist jetzt Herbstsonnenwetter, wenn ich ins Büro fahre. In der Mittagspause kann ich mit Buch, Zeitung und belegten Broten im Freien sitzen. Der Himmel ist von einem zarten, diesigen Blau, in den gelichteten Baumkronen der Parks hängen Nebelreste. An solchen Herbstmorgen wird es auf dem Weg zur Arbeit zu einer Obsession, daß ich jetzt (nur noch ein paar Gassen vom Büro entfernt) ja eigentlich umkehren, zum nächsten Bahnhof radeln, mich in einen Vorortzug setzen und hinaus ans Meer oder in die Berge fahren könnte, die jetzt ohne mich den ganzen Tag lang einfach dasein werden (von Baumkronen rieseln Blätter zu Boden und die Wellen rauschen in der dünnen Sonne über dem Strand). Mein Körper schreit nach langem Gehen im Freien. Heute nacht, fällt mir ein, habe ich geträumt von einer japanischen Landschaft, auf die ich zurücksah, indem ich einen der mühsamen kleinen Bergpfade hinanstieg, die ich am nächsten Samstagnachmittag, wenn es nicht regnet, vielleicht wieder gehen kann.

Die Sonne allerdings, in der ich jetzt unter den Herbstbäumen des Aoyama-Zentralfriedhofs entlangfahre, liegt wie hinter einer Glasscheibe. Ich trage einen Anzug, weil ich eine Besprechung mit Menschen haben werde, die darauf Wert legen und danach zu einem Empfang muß. Den ganzen Büro-, Sitz- und Stehtag lang wird etwas in mir zittern und sich umherwerfen wie ein Hund, der von der Leine will. Daß in den Anzugmännern (in mir Anzugmann) diese Tierquälerei nicht stattfinde, daß es doch naiv sei, sich darüber aufzuregen, daß das doch zum Erwachsensein und zur Realität gehöre, ist eine Lüge. Jeder von uns, der dieses zitternde und japsende Bündel in sich noch nicht getötet hat (verwesend wird es sich dann in die Krebsgeschwulst verwandeln), empfindet in deprimierten (oder lichten) Momenten sein Leben zwischen Familie und Büro als ein Pendeln zwischen zwei Gefangenschaften: Auf dem Weg von einer zur anderen verhöhnt uns unsere Schmach als schönes Wetter, als schöne Passantin.

»War er damals nicht überzeugt, daß bei diesem oder jenem Lehrer, den Onkeln und Tanten, Freunden der

Eltern, später bei den Professoren der Universität oder dem Chef des Lehrlings etwas nicht stimmte! Sei es, daß sie einen lächerlichen verrückten Zug aufwiesen, sei es, daß ihre Gegenwart besonders öde, lästig, enttäuschend war. Damals machte er sich keine Gedanken, nahm die Inferiorität der Erwachsenen einfach als Naturtatsache hin. Jetzt wird ihm bestätigt: unter den gegebenen Verhältnissen führt der Vollzug der bloßen Existenz bei Erhaltung einzelner Fertigkeiten, technischer oder intellektueller, schon im Mannesalter zum Kretinismus. Auch die Weltmännischen sind nicht ausgenommen. Es ist, als ob die Menschen zur Strafe dafür, daß sie die Hoffnungen ihrer Jugend verraten und sich in der Welt einleben, mit frühzeitigem Verfall geschlagen würden.« (Horkheimer und Adorno, 1947)

★

Wieder auf dem Fahrrad. Ich denke darüber nach, wie sich die körperlosen Machtmenschen in der Nähe jener verführerisch zurechtgemachten, verschwenderisch jungen und lebendigen Sekretärinnen, Kaffeekocherinnen, Aufzugführerinnen und Verbeugdamen fühlen, von denen sie in den japanischen Apparaten täglich umgeben sind. Obwohl die entscheidenden Vorzimmermachtpositionen wohl eher von älteren Frauen besetzt sind, von Frauen, die die Teilhabe an der Gewalt schon genügend häßlich gemacht hat, obwohl also die jungen Schönheiten den reichen alten Männern vermutlich nicht immer direkt vor der Nase sitzen, werden die an ihnen doch nicht völlig vorbeisehen können (Parfümgeruch in einem leeren Aufzug, ein bißchen Lippenstift funkelt über einem Aktenstoß). Wenn sie mit diesen jungen Frauen zu schlafen versuchen, machen sich die Machtmänner durch ihresgleichen erpreßbar und gefährden ihre Existenz. Und doch statten sie ihre Sphären mit Verführerinnen aus.

Das chinesische Kaiserreich ist das längste Experiment mit Bürokratenmacht gewesen. Der Hof in Peking war das Zentrallabor. Er wurde, darüber habe ich neulich einen Artikel gelesen, an den ich mich jetzt auf meinem Fahrrad erinnere, von Eunuchen beherrscht. Die Chinesen nahmen, anders als die westliche Antike und das Mittelalter, Totalkastrationen vor. Sechzig Prozent der Anwärter starben daran. Trotzdem meldeten sich Hunderte erfolgreicher Staatsprüfungsabsolventen auf Hofstellen, für die Kastration Einstellungsvoraussetzung war. Aufgrund ihrer Inkontinenz konnte man Eunuchen schon von weitem riechen. Sie waren stark parfümiert. Räucherstäbchen wurden ihnen vorangetragen. Einige Jahrhunderte lang war es unter ihnen Mode, das abgetrennte Geschlechtsteil in einem Glas eingelegt mit sich zu führen, als Hoheitszeichen.

★

Von den Büros aus gesehen, ist die Welt eine ungeheure Ansammlung von Umständen, die nach Bürogesetzen nicht berücksichtigt werden können. Ich habe seit einer Woche Urlaub. Nach einer rasanten morgendlichen Fahrt mit meinem kürzlich angeschafften Mountainbike habe ich mich um neun Uhr vor dem »Ministry for International Trade and Industry« auf einem Mäuerchen postiert und betrachte die Mitarbeiter der mächtigsten Industriebehörde der Welt beim Eintreffen am Arbeitsplatz. Keinem der ankommenden Männer scheint seine Kleidung zu passen. Dieser versinkt fast in seinem Mantel, jenem hängt der Saum des seinen um die Knie, als hätte er ihn mit Sechzehn angeschafft. Taillierte Jacketts aus den Siebzigern kneifen an den Schultern, die dazugehörigen Hosen am Geschlechtsteil. Die jüngeren Männer wiederum tendieren dazu, den modisch-großzügigen Look dermaßen zu übertreiben, daß man gerade noch ihre Fingerspitzen aus den Jackenärmeln herausragen sieht. Fast jeder wirkt, als hätte er in seinen Kleidern geschlafen. Die Männer sind ungeduscht, unausgeschlafen, gezeichnet von Überstunden, Alkohol, Zigaretten, gesundheitlicher und hygienischer Verwahrlosung. Ihre Schuhe sind ungeputzt, feucht und weitgetreten, als hätten sie sie seit Wochen jeden Tag angehabt. Das einzige gegen die Machtapparate verfangende Argument ist ästhetisch: daß, wo über das Leben entschieden wird, so wenig Lebendiges zu sehen ist.

★

Nicht durchrationalisierte Energien haben sich unterdessen der kleinen Hilfskräfte wie der großen Chefs in den Angestelltenapparaten bemächtigt, seit die Produktionsmaschinerie langsamer wird und ihre Autorität verliert. Jener auch im körperlichen Sinn mächtige Mann aus der Heimat zum Beispiel läßt es an der staatsmännischen Miene in jedem nicht von der Fernsehkamera bewachten Moment völlig fehlen und sieht aus intelligenten, wachsamen kleinen Augen, die in viel überflüssiges Fleisch eingebettet sind, unruhig umher, manchmal mit einem seltsam ungestümen Wenden und Werfen des großen Kopfs, einer Bewegung, die Kafka beschrieben haben könnte. Gerade eben zischt er einer besorgt herübergebeugten Gehilfengestalt aus dem Mundwinkel heraus eine Anweisung oder eine Frage hin.

Der Interviewer, der einen andern unserer Gewaltigen im Fernsehen nach einem Detail in einem der eigenartig lächerlichen und uneindrücklichen Skandale fragt, deren Enthüllung bei uns in Mode gekommen ist, wird vor der eigentlichen Antwort mit einem so tief unglücklichen, starren und langsamen Schildkrötenblick beschieden, daß ich vor dem Apparat fast befürchte, der Minister werde den Kram gleich jetzt, live während der Sendung, hinschmeißen. Früher wären diese Menschen vielleicht Landsknechte geworden. Jetzt müssen sie ihre Gier dreinzuschlagen mit Unterschriftenmappen auslasten.

Ein Zappeln, Lähmungserscheinungen, Krämpfe gehen durch die offizielle Welt, eine merkwürdig veitstanzartige Albernheit, wie sie in Meetings und auf Empfängen manchmal an mir rüttelt und wie sie die Gehilfen des Landvermessers in Kafkas Roman ausleben und verkörpern, wenn sie beispielsweise während einer Besprechung, von der für K. alles abzuhängen scheint, »abwechselnd hinter Barnabas' Schultern wie aus der Versenkung langsam aufstiegen und schnell mit einem leichten, dem Winde nachgemachten Pfeifen, als seien sie von K.s Anblick erschreckt, wieder verschwanden, so vergnügten sie sich lange«. Daß sich in diesen schlecht integrierten gewaltsamen Bewegungen eine Botschaft der Vorfahren, vielleicht der Natur, zur Geltung bringt, kann mich nicht trösten. Uns verheißen Natur und Vergangenheit nicht viel Gutes mehr.

Denn das Grauen steigt auf aus dem Bündnis der vormodernen Mächte mit einer allmächtig gewordenen Bürokratie (aus dem Ineinanderverschlungensein von Dorf und Schloß). Und Japan ist nicht das einzige Beispiel einer Gesellschaft, in der eine alte, irrationale Lebenswelt sich in die Weltsysteme technischer und machttechnischer Rationalität parasitär eingenistet hat.

Ich fahre mit dem Fahrad zur Arbeit. Mir bleibt die Anstrengung, die Begriffe und Solidaritäten, in denen ich erwachsen geworden bin und mich verstehen kann, in jenem Aufmerksamkeitsfeld zu halten, wo sich Vernunft als Verständigungsarbeit vielleicht manchmal noch herstellt. Wollte ich diese Zugehörigkeiten im Ghetto einer linksintellektuellen Mittelklassenexistenz gefangensetzen, dann würde von den Zimmern, in denen ich lese, nachdenke, Fehler mache, samstags und sonntags schreibe, bald dieselbe Gespensterluft ausgehen wie von Kanemarus Haus.

Friedhof am Meer. Kleiner Park. »Erinnerung an Schnee«

I. Friedhof am Meer

Die Erinnerung an Wildnis, die in westlichen Großstädten aus Parks, Flußufern, Alleen hervortritt oder aus der umgebenden Landschaft in die Straßen einströmt, fehlt mir nach drei Jahren Tokyo oft so sehr, daß ich an manchen Tagen gar nicht aus dem Haus will. Es ist, als hätten die Versprechen der Stadt eine Anmutung des Offenen nötig, um aus ihm her auf uns zukommen zu können. Wo dagegen das Gewebe der Chancen, Menschen und Straßen so dicht geworden ist wie in Tokyo, ist es schwerer, das Glück sich vorzustellen, dessen Verheißung wir in der Stadt nachgehen. Nichts anderes ist, glaube ich, gemeint mit Walter Benjamins okkulten Bemerkungen über »Aura«, jene glücksversprechende Dimension der Dinge, in der »Ferne in der strengsten Bindung an die Nähe mitschwingt«.

So zieht es uns am Wochenende ans Meer. Erst hier ist Tokyo wirklich zu Ende. In Hayama zum Beispiel, einem Fischerdorf, das vor zwanzig Jahren noch ausgesehen haben muß wie der Kulissenort, in dem Hitchcocks »The Birds« spielt. Oder in Zushi, damals ein elegantes Seebad, wo ich mich noch heute in einen Film von Fellini oder eine Erzählung von Ennio Flaiano versetzt fühlen kann (reiche Schnösel mit Sportwägen, stelle ich mir im Spazierengehen vor, haben hier damals schöne Kleinbürgermädchen in Glockenröcken, Chiffonkopftüchern und Sonnenbrillen erobert). Heute sind die reichen Erben und die schönen Mädchen nicht mehr da. Seetang trocknet auf Wäscheklammern im Seewind. Von Holzhäusern blättert die Farbe. Fischer verbrennen Treibholz in Blechfässern und ziehen Ruderboote an Land, die für Ausflüge zu einer nahen Insel vermietet werden. Fangkutter fahren in kleinen Häfen aus und ein. In »Denny's Diner«, wo unser Spaziergang später jedesmal endet, steht die Zeit still. Wenn wir in der Dämmerung am Strand zum Bahnhof zurückgehn, fliegen Reiher und Kormorane auf Felsen vor der Küste hinaus. Die Welt scheint hier, besonders im Herbst, wenn man die kommenden Stürme spürt, nicht mehr weiterzugehen, was natürlich Unsinn ist, mich aber die folgende Arbeitswoche lang auf schwer greifbare Weise zu trösten scheint (als sei mir aus der dunklen hemisphärengroßen Wasserfläche eine Stärkung zugekommen).

Der Frühling beginnt in Tokyo überraschend, innerhalb weniger Tage. Sein sicherstes Vorzeichen sind Veränderungen an einem immergrünen Strauch, der hier überall wächst. Zwischen seinen harten Blättern haben sich während der letzten Wochen blaurote, spitze Knospen herangebildet, die in den entscheidenden Tagen in rosafarbene sternförmige Blüten auseinanderfallen. Ihr Duft erfüllt und verändert ganze Straßenzüge. Er ähnelt dem einer aufgeschnittenen Zitrone. Eine parfümartige Komponente ruft unbestimmte Erinnerungen an erotische Abenteuer auf, die lang vergangen sind oder nie stattgefunden haben.

Frühling und Herbst sind magische Jahreszeiten, weil in ihnen ein vergessenes Körpergefühl wiederkehrt. Ihre Ankunft erregt noch nicht ganz verschüttete Instinktreste und gibt eine der »unbestimmten Verpflichtungen« auf, in deren Erfüllung (so jedenfalls will es eine konservative Tradition philosophischer Anthropologie, der Benjamin mit seiner Aura-Theorie insgeheim verpflichtet ist) sich Kultur an ein natürliches Erbe anschließt. Mein »Körperschema« scheint sich ein paar Tage lang verändert zu haben, die Art, wie mich Kleidung bedeckt, wie ich meine Regungen und Erinnerungen spüre. Die Wünsche und die Toten sind auferstanden wie im Frühling der Duft jenes Strauchs, der englisch, wie man mir sagt, »Wintersweet« heißt. Alles scheint in diesen Tagen möglich. Benjamins Theorie der Aura (das Ferne ist im Nahen plötzlich anwesend, das Unbestimmte im allzu Bestimmten) ist eine Geschichte über das Frühlingsgefühl, »die Frühlingsgespenster«: eine philosophische Gruselgeschichte über das schön schreckliche Freiwerden einer vergessenen archaischen Erfahrung, die in einem unbewußten Hintergrundshorizont neutralisiert gewesen ist und jetzt ästhetisch abgeschattet, gleichsam von weither, wieder auf uns zukommt. Damit gehört Benjamins Auratheorie ebenso ins Genre der philosophischen Horrorliteratur wie die surrealistischen Erzählungen über jene magischen Korrespondenzen, in denen die Künstlerfreunde Bretons und Aragons, vom kollektiven Unterbewußtsein der Stadt erleuchtet, sich den Pariser Alltag der zwanziger Jahre poetisch gefügig machen zu können glaubten.

»Sie ist verstört beim Gedanken an das, was auf diesem

Platz schon geschehen ist und was hier noch geschehen wird. Wo in diesem Augenblick im Schatten nur zwei oder drei Paare verschwinden, sieht sie eine ganze Menge. ›Und die Toten, die Toten!‹ Der Betrunkene setzt seine schauerlichen Späße fort. Der Blick Nadjas schweift jetzt um die Häuser. ›Siehst du das Fenster dort unten? Es ist schwarz, wie alle anderen. Schau gut hin. In einer Minute wird es hell werden. Es wird rot sein.‹ Die Minute vergeht. Das Fenster leuchtet auf. Es hat tatsächlich rote Vorhänge« (in Bretons Tagebuchroman über seine dämonische Muse).

★

Das romantische Naturgefühl ist die Sublimation des Schreckens vor der Natur gewesen, des Grauens vor dem Unendlichen. »Ein biederer holländischer Seemann, ein untrüglicher und kühler Beobachter, der sein Leben auf See verbrachte, gesteht offen, daß der erste Eindruck, den man vom Meer empfängt, die Furcht ist« – so beginnt Jules Michelets großes Essaybuch über das Meer. Umgekehrt sind die unheimlichen Geschichten und Filme Entsublimierungen eines romantischen Bilds von der Natur, in dem der Schrecken gebannt gewesen ist (Stanley Kubricks »The Shining« sehen, am besten die Spätvorstellung in einem fast leeren Vorstadtkino irgendwo in Berlin: dieselbe Art des Glücklichseins wie auf einer der Wanderungen am Ozean, die von Hayama aus möglich sind).

★

Die Tage sind regiert von magisch-utopischem Zitronengeruch.

Morgens radle ich zur Arbeit. Der laue Wind bringt den letzten Sonntagnachmittagsspaziergang am Meer wieder heran. Oder am frühen Abend: wenn auf dem Heimweg über den Aoyama-Zentralfriedhof um fünf Uhr wie überall in Tokyo aus Lautsprechern ein eigentümlich sanftes Kinderlied gespielt wird (man testet die Katastrophenbereitschaft des staatlichen Durchsagesystems): einige Sekunden lang kehren dann, mit einem merkwürdigerweise an erotische Erfahrungen erinnernden Schockeffekt, langvergessene Fernen und Vergangenheiten wieder.

Das »amerikanische« Haus aus rotgestrichenen Holzplanken am südlichen Eingang des Friedhofs, mein Mittagspausen-Coffeeshop an seinem nördlichen Rand, der Blick in den Himmel über den Friedhofshügeln verwandeln sich anmutungsweise in die Samstagnachmittagslandschaft aus »The Birds«, die, seit ich Alfred Hitchcocks großen Naturhorrorfilm mit sechzehn zum erstenmal gesehen habe, oft (wahrscheinlich als Deckerinnerung viel urtümlicherer Seelen- und Traumlandschaften) in mir lebendig wird, wenn mich das Radfahren, das Meer, eine plötzliche Offenheit trösten wie im Tokyoter Frühling der Duft des »Wintersweet«-Strauchs.

»Es ist Wochenende. Die Büros in San Francisco leeren sich. Schöne Damen, großgewachsene Herren fahren ans Meer. Unheimliche Heuschober stehen auf Klippen über dem Wasser. Man zieht Norwegerpullover an, Pfeifenrauch und Tippi Hedrens Chanel No. 5 verwehen im Wind.« Mit meinem neuen Moutainbike bin ich meistens schon nach fünf Minuten am anderen Ende des Friedhofs. Sonne liegt auf der Rinde der Kiefern, Schatten in den Inschriften der Grabsteine. »Eine Möwe stürzt sich in Tippi Hedrens Haare. Die Brandung rauscht. Die Sonne scheint knapp über den Horizont. Das Unheil beginnt. Hitchcock und die Natur nehmen Rache an Tippis aufreizender Frische, Modernität und Banalität. Der Wind im Film wird stärker. Krähen haben sich versammelt. Sie sitzen in den Bäumen, auf den Dächern, auf Kirchtürmen. Die Musik ist dunkel und flattert. Schritt für Schritt geht Tippis Galan. Zerhackte Leichen glotzen aus hohlen Augen. Schließlich ist alles vorbei. Die See liegt glatt.«

Es ist schon fünf vor neun. Ich habe in zwanzig Minuten einen Termin und muß mir noch eine Krawatte umbinden. »Eine Brise bewegt das Wasser an der Mole. Erschöpft steigt Tippi Hedren ins Auto und fährt nach San Francisco zurück. Die Zuschauer bleiben neben dem Haus aus rotgestrichenen Holzplanken stehen, während Tippis Wagen auf einem gewundenen Küstenweg in die Leinwand hinein verschwindet.« In der letzten Zeit haben mich das Meerlicht über dem Aoyama-Friedhof und das vage Bedürfnis, einen Ausblick zu gewinnen, bei klarem Wetter ein paar Mal dazu verleitet, vor der Arbeit noch auf einen der beiden »Aoyama-Twin«-Hochhaustürme in Aoyama-Ichome hinaufzufahren, wo man eine schöne Aussicht hat. Im Fahrstuhl, den bis zum 23. Stock immer mehr Angestellte und Sekretärinnen verlassen, bis ich schließlich auf der letzten Strecke allein übriggeblieben bin, spielt Flughafenmusik.

Hoch im Winterhimmel steht der Fujiyama weiß hinter einer Kette niedrigerer Vorberge. Das Dunkelgrün der Kiefern und Rhododendren, die braunen Zweige der Kirschalleen im Aoyama-Friedhof, dessen Rechteck unter mir liegt. Und endlich sichtbar, keine fünf Kilometer entfernt, umstanden von Kränen, befahren bis in die Ferne hinaus von hochhausgroßen Schiffen: das Meer, nach dem ich mich die Woche über sehne.

II. Kleiner Park

Ein Fußballspiel, bei dem auf dem Spielfeld stehende Kühe umspielt werden müssen. Immer mehr Kühe tauchen auf, dann auch Nashörner. Das Spiel muß abgebrochen werden.

(Traumnotiz vom 28./29.11.92).

Nicht weit von meinem Büro, an der Ecke, wo neben dem »Sogetsu Kaikan« eine Gasse vom Aoyama-Boulevard abbiegt, liegt ein kleiner Park. Er ist knapp fußballfeldgroß. Steinlaternen stehen im Dunkel unter den Bäumen. Ein paar Schaukeln und ein Bedürfnishäuschen zur großen Straße hin, tiefer hinein gibt es einen Teich und einen künstlichen Wasserlauf, dessen Quelle aus einer Steinkiste hervorsprudelt. Die inszenierte, verkleinerte Natur eines japanischen Landschaftsgartens. Das Dikkicht der Baumkronen. Die überraschend zahlreichen Wechsel von Blick und Perspektive, die sich auf den kleinen Wegen um das Wasser eröffnen: an Bürospätnachmittagen, wenn ich zum Luftschöpfen manchmal hierherkomme, sehne ich mich nach wirklichen Landschaften. Ich sehe in die Baumkronen, auf die rings um mich angehenden Lichter, die stark befahrene Stadtautobahn hinaus.

Erst gegen Ende meines Tokyoter Aufenthalts habe ich herausbekommen, daß die bronzene Sitzstatue eines bärtigen alten Japaners im Kimono (er hält eine runde Hornbrille in der einen, ein Aktenbündel in der anderen Hand), zu der im hinteren Teil des Parks ein paar Stufen auf einen kleinen Hügel hinaufführen, an Korekiyo Takahashi erinnert, dessen Garten dieses Gelände einmal war. Takahashi ist Premier in den frühen zwanziger Jahren gewesen, später Finanzminister und in diesem Amt schließlich das Opfer putschender junger Offiziere, die am frühen Morgen des 26. Februar 1937 ihn und einige andere Regierungsmitglieder umbrachten, die sie für zu wenig japanisch hielten. Ein paar Tage lang setzten seine Mörder die Innenstadt unter militärisches Ausnahmerecht, dann aber, nachdem sich der Kaiser nicht, wie sie gehofft hatten, an die Spitze der Erhebung stellte, kapitulierten sie und wurden hingerichtet.

Takahashi war einer der fähigsten Wirtschaftspolitiker der dreißiger Jahre. Durch eine Politik ökonomischer Internationalisierung, durch Aufgabe des Goldstandards zum genau richtigen Zeitpunkt, eine Abwertung des Yen und staatliche Wirtschaftsförderungsmaßnahmen gelang es ihm, Japan nicht nur aus der großen Krise herauszuhalten, sondern Produktion und Export in verschiedenen Schlüsselbereichen sogar noch zu steigern. So ist es auch gerade nicht die materielle Not der Bevölkerung gewesen, mit der die verschiedenen Fraktionen faschistisch-militaristischer Propagandisten und Offiziere in jenen

Jahren diesen und mehrere andere Staatsstreiche begründet haben. Takahashi scheint sich vielmehr einer Art Verbrechen wider die japanische Natur schuldig gemacht zu haben (die Geister nehmen Rache; die Möwen greifen an).

Der 26. Februar, Jahrestag der Ermordung des Finanzministers Korekiyo Takahashi, war 1993 ein strahlend kalter Vorfrühlingstag. Ich kam in meiner Mittagspause zufällig in den kleinen Park und sah einen einsamen Blumenstrauß vor der Bronzestatue auf dem Hügel liegen. Mir wurde plötzlich klar, welches Datum es sein mußte. Eine Minute lang stand ich im Winterlicht, betrachtete das Denkmal, den Blumenstrauß in seiner durchsichtigen Plastikfolie und blinzelte in die kahlen Baumkronen. Ich dachte nach über Deutschland, wohin ich bald wieder zurückmuß, über den Film »Malcolm X«, den ich vor ein paar Tagen in einem der kolossalen Tokyoter Innenstadtkinos gesehen hatte, wobei mir die Gummibärchen fast im Hals steckengeblieben wären. Camille Paglias Buch »Sexual Personae« fiel mir ein, das meine Frau und ich seit drei Wochen mit einer merkwürdigen Erregung abwechselnd lasen.

Über eine damals vieldiskutierte Veröffentlichung des Essayisten Botho Strauß mit dem Titel »Anschwellender Bocksgesang« dachte ich nicht allzu gerne nach. Und bevor mir gar noch die Fotos jener kahlen, merkwürdig leer aussehenden jungen Bundesbürger einfielen, die ihre Straftaten mit »Stolz auf Deutschland« und dergleichen motivierten, kehrte ich lieber schnell in mein Büro zurück und diktierte ein paar Briefe.

Auf dem Rückweg kam mir wieder einmal in den

Sinn, wie merkwürdig es ist, daß ich einen mir sofort als wunderschön und vorbildlich einleuchtenden Essay des japanischen Schriftstellers Shohei Ooka über die Ermordung des Finanzministers Takahashi – ohne zu ahnen, daß ich in Tokyo dann keine fünfzig Schritte vom Schauplatz der Untat entfernt arbeiten würde – an einem Winternachmittag vor vier Jahren in der Bibliothek des Bochumer »Instituts für Japanische Sprache« gelesen habe, während vor dem Fenster ein Vorfrühlingssturm geweht hat.

III. Shohei Ooka: Erinnerung an Schnee

»In den mehr als fünfzig Jahren meines Lebens gibt es so manche Erinnerung an Schnee. Ich erinnere mich an einen verschneiten Morgen in meiner Grundschulzeit; ich lief zur Schule, fiel, und die Hände taten mir vor Kälte weh. Ich erinnere mich an Schneeballschlachten; ich erinnere mich, daß ich, ein Angestellter bei einer Firma in Kobe, zum Skilaufen fuhr und auf der Fahrt zum Ibukiyama bei Omihachiman an Bauernhäusern vorbeikam, deren Rückseiten ganz im Schnee begraben waren oder ich erinnere mich an die schneevereiste Elm Street in New Haven in Amerika. Viele verschiedene Erinnerungen. Wenn es aber im Februar schneit, dann ist mein erster Gedanke auf jenen verschneiten Tag gerichtet, an dem sich der ›Zwischenfall vom 26. Februar‹ ereignete.

Am Morgen jenes Aufstandes vor dreißig Jahren lag alles tief verschneit. Ich war damals siebenundzwanzig Jahre alt und wohnte in einem Apartment nicht weit von

5. Bezirk von Aoyama. Den Abend zuvor hatte ich bis spät in die Nacht gelesen und auch schon bemerkt, daß es schneite. Als ich dann gegen Mittag aufwachte, wunderte ich mich aber doch, daß jeglicher Alltagslärm verstummt war. An verschneiten Tagen geht es stiller zu als gewöhnlich, ich weiß; man hört keinen Schritt, der tiefe Schnee schluckt die Geräusche; Ruhe und Stille kehren ein in unsere irdische Welt.

Gleichwohl, in der Lautlosigkeit jenes Tages lag etwas Seltsames. Schon damals ein Faulpelz, wusch ich mir nicht einmal das Gesicht, sondern wollte auch das dann gleich im nahegelegenen öffentlichen Bad erledigen. Es hatte aufgehört zu schneien. Als ich hinaustrat, entdeckte ich den Grund der ungewöhnlichen Stille: Die Straßenbahnen fuhren nicht. Zu jener Zeit verkehrte auf der Aoyama-Straße die Hauptlinie von Shibuya in Richtung zum kaiserlichen Palast. Da meine Wohnung nur wenige Meter abseits der großen Straße lag, hörte ich gewöhnlich immer den Lärm der vorbeifahrenden Bahnen. Daß dieses tagsüber so gewohnte Geräusch heute mit einem Mal fehlte, verwunderte mich nun.

Im Bad traf ich einen weißhaarigen Alten – um diese Tageszeit kamen nur Vagabunden wie ich oder Rentner hierher –, der irgend etwas brabbelte wie: weiter als zum 4. Bezirk von Aoyama (heute die Ecke vom 3. Bezirk) kommt man nicht mehr durch. Ich verstand noch immer nicht recht; erst als ich in meine Wohnung zurückkehrte, hörte ich es im Büro des Portiers in den Nachrichten (ich verabscheute Radio und besaß daher selbst keines): Militär war in die Residenz des Finanzministers Takahashi in der Gegend hinter dem 1. Bezirk von Aoyama – damals

Aoyama Omotemachi – eingedrungen und hatte den greisen Minister niedergeschossen.

Schon 1932 hatte man auf eine hohe Amtsperson ein Attentat verübt: der sogenannte Zwischenfall vom 15. Mai, als Marineoffiziere den Premierminister Inukai Takeshi ermordeten. Damals hatte ich mit Paratyphus im Rotkreuz-Krankenhaus bei Takagicho gelegen, und mein Bettnachbar hatte es mit den Worten kommentiert: Gegen Berufsmörder und deren Werkzeuge kommt eben keiner an. Mir hatte die Tendenz des Premierministers Inukai, dem Militär nachzugeben, äußerst mißfallen, und so war denn mein Gefühl auch nicht ganz frei von innerer Zufriedenheit gewesen. Mir schien es ein Beweis dafür, daß nichts Gutes dabei herauskommt, wenn man eine solche Bande auch nur halbwegs unterstützt.

Dagegen erfreute sich Takahashi Korekiyo, Finanzminister Daruma genannt, allgemeiner Beliebtheit. Mir gefiel seine Art, wie er – die Hand fest auf der Schatulle – den Wünschen des Militärs nicht nachgab, ebenso seine unverblümte Sprache im Parlament. Neuere Forschungen geben allerdings zu erkennen, daß es in Wirklichkeit so nicht unbedingt gewesen ist, daß vielmehr er es war, der erstmals in der Welt ein System für die totale Kriegsführung schuf; seinerzeit aber haben wir das nicht durchschaut. Dieses Mal war Militär ausgerückt; der Zwischenfall hatte also andere Ausmaße als der vom 15. Mai. Man konnte diesmal nicht einfach mit den Achseln zukken und sagen: Dem Kerl war nicht zu helfen.

Es hieß, die Gegend um den 1. Bezirk von Aoyama und Kojimachi, mit dem kaiserlichen Palast im Mittelpunkt, sei für den Verkehr gesperrt. Aber ich wollte auf jeden Fall versuchen, in die von den meuternden Truppen besetzte Zone zu gelangen. Schließlich hatte ich bei der Kokumin-Zeitung, wo ich knapp ein Jahr angestellt gewesen war, gerade erst aufgehört, so daß mir die Neugier noch in den Gliedern steckte. Weil es hieß, die Straße bei Takagicho sei ebenfalls gesperrt, ging ich zu Fuß durch den Schnee nach Shibuya, um auf diesem Umweg mit der Ring-Bahn (möglicherweise fuhr sie im Pendelverkehr) nach Shinbashi zu kommen. Und so erreichte ich, dem heutigen Dentsu-Haus gegenüber, die Kokumin-Zeitung, wo ich einen meiner früheren Kollegen zum Eingang hinunterbat und von ihm nun zum ersten Mal das ganze Ausmaß der Sache vernahm. Das war geradezu schon ein Coup d'Etat, auch das Polizeiquartier war durch Truppen mit Maschinengewehren überwältigt worden. Nur stand das Heer nicht geschlossen dahinter, es schien gespalten. Als ich beim Restaurant Hasegawa, dem Treffpunkt von uns Freunden, vorbeischaute, saßen da bereits Kawakami Tetsutaro und Kimura Shizaburo – sichtlich aufgeregt.

›Endlich erleben wir mal Zeiten wie in der Éducation Sentimentale‹, erklärte Kawakami. Der Held in Flauberts Roman ist ein Intellektueller, der als Außenseiter die Februarrevolution von 1848 beobachtete. Am nächsten Tag versuchte ich, mich in das Haus meiner früheren Wohnung bei Tamaike einzuschleichen, aber vergeblich. Alle Bewohner zwischen Sonnoshita und Tamaike hatten auf Befehl ihre Häuser räumen müssen. An der Kreuzung von Shinbashi zogen Soldaten von mir unbekannter Zugehörigkeit Grenzen aus Stacheldraht und stellten leichte Maschinengewehre auf. ›Weg da, weg da‹, raunzte mich ein nach Pferdefutter stinkender Soldat an. Aus dem Schnee war inzwischen Matsch geworden.

Einige Menschen verbinden mit dem Zwischenfall vom 26. Februar ein Bild von marschierenden Soldatenstiefeln, die weißen Schnee aufwirbeln; in meinem Gedächtnis aber bleibt die sonderbare Totenstille in meiner Wohnung, der Stacheldraht, der Matsch. Die Meuterei wurde am 29. Februar niedergeschlagen. Denke ich zurück, so kann ich die Tage an einer Hand abzählen, die ich nach diesem Ereignis noch in Tokyo verbrachte. Tokyo, wo ich geboren und aufgewachsen bin, war mir verleidet.«

(Asahi Zeitung, 26. Februar 1967)

Nachweise

Das Motto aus Aragons »Paysan de Paris« lautet in der deutschen Übersetzung von Rudolf Wittkopf (Louis Aragon: Pariser Landleben. Rogner & Bernhard. München 1969):

»Die Begriffssphäre gleicht dem Meeresgrund. Sie reichert sich an, sie wächst um Schichten, die sich der Bewegung des Denkens selbst verdanken, und in ihren Lagern birgt sie Schätze, Schiffe, Skelette, sämtliche verrückten Wünsche und Grillen. Welch seltsamer Weg, den dieses Medaillon, eines Nachts das Geschenk einer reinen weißen Hand, von einem glanzerfüllten Laden in einer Landschaft aus Nebel und Musik bis zu dieser blonden Ablagerung gegangen ist, wo es Nachbarschaft hält mit einer Meduse und der vom Sturm besiegten Takelage irgendeiner namenlosen Armada. Der Begriff ist auch der Schiffbruch des Gesetzes, er ist das, was es umstößt. Er entwischt mir, wo ich ihm beikomme. Es fällt mir schwer, mich zum Besonderen zu erheben. Ich schreite vorwärts im Besonderen. Ich verliere mich in ihm. Das Zeichen für diesen Verlust ist alle wahre Erkenntnis, alles, was mir an wahrer Erkenntnis zuteil wird.«

Der Essay von Shohei Ooka ist (leicht gekürzt) zitiert nach: »Blüten im Wind. Essays und Skizzen der japanischen Gegenwart. Herausgegeben und übersetzt von Barbara Yoshida-Krafft. Erdmann Verlag. Tübingen 1981.

Inhalt